El Sendero Para Ser Una Mujer Visionaria de Dios: Una Introducción al Camino

Avis Winifred

WestBow
PRESS

WestBow Press books may be ordered through booksellers or by contacting:

WestBow Press
A Division of Thomas Nelson
1663 Liberty Drive
Bloomington, IN 47403
www.westbowpress.com
1-(866) 928-1240

Because of the dynamic nature of the Internet, any Web addresses or links contained in this book may have changed since publication and may no longer be valid. The views expressed in this work are solely those of the author and do not necessarily reflect the views of the publisher, and the publisher hereby disclaims any responsibility for them.

ISBN: 978-1-4497-0344-8 (sc)
ISBN:978-1-4497-0345-5 (e)

Library of Congress Control Number: 2010931011

A menos que se indique lo contrario, las citas Bíblicas han sido tomadas de la Antigua Versión de Casiodoro de Reina (1569) revisada por Cipriano de Valera (1602), derechos (c) 1960 por Sociedades Bíblicas en América Latina.

Printed in the United States of America

WestBow Press rev. date: 7/20/2010

Traducido por Amanda de León

Contents

Palabras Sabias

Todo lo puedo en Cristo que me fortalece
Filipenses 4:13

Queridas Lectoras:

Creo que es importante que conozcan un poco acerca de su autora.

Si somos mujeres verdaderamente espirituales, dependemos de más que nuestros instintos naturales y facultades intelectuales para determinar si estamos recibiendo instrucciones confiables. Ya habiendo dicho eso—tomen un momento para conocerme.

Mientras estás leyendo esta carta (de hecho, todo el libro), acompaña tu investigación con oración.

Mi nombre es Avis Winifred. Mi padre, el difunto Morris Anderson, Jr., me puso el nombre a mí y a todos mis hermanos; sin embargo, no descubrí el significado espiritual de mi nombre hasta que casi llegaba a los cuarenta años.

Durante un estudio bíblico en una iglesia de Corpus Christi, Texas, el facilitador me informó que mi nombre significa "poderoso en el espíritu." Eso fue muy refrescante, y se me hizo aun más valioso cuando realicé mi primer viaje evangelístico a África. Saliendo del aeropuerto, mi hospedador pasó por un pueblo llamado Avis. Te puedo asegurar, que en ese momento supe que estaba en el lugar indicado en el tiempo indicado.

Yo creo que mi camino cristiano, aunque no perfecto, ha sido conformado por mi rendición al Espíritu de Dios y mi deseo de cumplir los propósitos que Dios ha planeado para mi vida.

El lema que siempre me ha sostenido es: "No quiero dejar este mundo sin cumplir cada cosa que Dios ha propuesto para mi vida." Con esta tenacidad, el versículo que ha sido mi favorito desde los once años sigue siendo apropiado: "Me es necesario hacer las obras del que me envió, entre tanto que el día dura; *la* noche viene, cuando nadie puede trabajar," (San Juan 9:4).

Soy una madre soltera y tengo un hijo *adulto* (de 23 años ahora que este libro va para ser impreso). Él ha sido mi amigo, mi compañero de oración y estudio bíblico, y lo he criado para confrontar con amabilidad las discrepancias espirituales que él note en mi vida—y confíame, esto funciona en ambos sentidos.

Mi abuela Mary Frances, que falleció hace mucho, y mi madre, Florence Louise, modelaron lo que significa tener una relación personal con Dios y lo que significa depender de la dirección del Espíritu Santo.

La mujer que Dios propuso que yo sea ayudó a sostener esta relación que vi modelada y a desmantelar, o al menos perturbar, situaciones creadas para estorbar mi unión con la Trinidad.

Soy una defensora de la educación—por lo que, títulos en administración, composición, retórica y escritura, junto con estudio de postgrado en teología decoran las paredes de mi oficina y sostienen mi enfoque espiritual y crítico hacia la vida.

Con esto de fondo, se puede esperar que mi ministerio escrito requiera que mi audiencia participe con su mente, corazón y espíritu con el propósito de cambiar y no solamente observe pasivamente.

Mis padres me criaron con una firme ética del trabajo, entonces la pereza y el ausentismo no han sido parte de mi vida profesional o educacional. En consecuencia, me llevó seis semanas de licencia de mi trabajo por razones médicas para que Dios pudiera dar a luz este libro mientras yo estaba en mi casa recuperándome de una cirugía.

Mi vida profesional ha residido en dos espacios, administración y docencia al nivel universitario. Esta última profesión me ha llevado hasta Italia cuatro veces, a África dos veces, y a España e Irlanda—hasta ahora. Mientras he caminado también por las tierras de México, Montreal, y Columbia Británica, y espero que el siguiente paso en mi carrera me lleve por todo el mundo, trayendo palabras de paz y esperanza a gente que sufre, comunidades, corporaciones, gobiernos, y ministerios.

Sé por experiencia personal que tenemos que tomar el tiempo de estar quietos y escuchar a Dios. También sé que si no lo hacemos solos, Dios organizará este tiempo para nosotros porque nos ama hasta este grado.

Finalmente, yo creo que si Dios tomó el tiempo para darme esta palabra de LOGRO, servirá que tú leas su contenido con una mente abierta, con honestidad y sobre todo con oración para ver como puede ser una parte de tu vida.

Hermanas, las amo. No estoy celosa de ustedes, y quiero que hagan, tengan, y den todo lo que Dios propuso para sus vidas.

Su hermana en Cristo,
Avis Winifred, Ph.D.

Palabras Sabias

Pero esto digo: El que siembra escasamente, también segará
escasamente; y el que siembra generosamente, generosamente también
segará.
2 Corintios 9:6

Frances Una Mujer de LOGRO en Acción

Una mañana de noviembre a las 4:00 a.m., Frances se despertó para comenzar su devocional. Se sentó en la cama y puso los materiales necesarios ordenadamente a su alrededor—una oración de limpieza, su Biblia, la guía de estudio *El Aposento Alto* más reciente, un libro de sabiduría, y su diario.

Hacia la mitad de su tiempo con Dios, Frances se detuvo. Ella dijo, "Señor, yo estoy lista. Estoy lista para ser la tormenta que Tú quieres que yo sea."

Como Frances dormía sola cada noche, podría haber gritado esas palabras, pero no lo hizo. Se las susurró a Dios; susurró porque ella misma estaba sorprendida por la confesión que acababa de hacer, aún así estaba en completa paz.

Para la mayoría de las personas, una tormenta es un tiempo perturbador en la vida—trae momentos llenos de luchas y dolor. Pero eso no es lo que imaginó Frances. Frances vio su vida, su don, como una enorme nube en movimiento esperando para soltar las aguas nutritivas que liberarían potencial en muchos rincones del mundo.

Frances estaba dispuesta a rendirse a la visión que Dios había puesto en su espíritu—aun cuando esto era inimaginable para esta joven mujer. En ese momento de rendición, ella se volteó de la complacencia hacia la fidelidad.

Temprano en esa mañana de noviembre, Frances escogió rendirse a Dios; deseaba ser una Mujer de LOGRO.

Palabras Sabias

Y reinarán en tus tiempos la sabiduría y la ciencia, *y* abundancia de
salvación; el temor de Jehová *será* su tesoro.
Isaías 33:6

L evántate hasta tu potencial en Dios

O btén conocimiento de la Palabra de Dios para dirección clara

G ánate la actitud para representar el carácter de Cristo

R echaza el temor porque Dios es más grande que cualquier oposición

O cúpate con las necesidades de otros porque no todo se trata de ti

Palabras Sabias

¿Qué, pues, diremos a esto? Si Dios *es* por nosotros, ¿quién *contra* nosotros? El que no escatimó ni a su propio Hijo, sino que lo entregó por todos nosotros, ¿cómo no nos dará también con él todas las cosas?
Romanos 8:31-32

Mujeres de la Biblia que Exhiben Cualidades de Logro

Utilizando tu Biblia, lee los pasajes anotados a continuación y apunta las cualidades que tú más valores. Al final de este libro, te pediré que regreses a estas notas.

Abigail
Lee: I Samuel 25: 1- 42
Cualidades que admiras en Abigail:

Esther
Lee: Esther 3: 1- 4: 17
Cualidades que admiras en Esther:

Ana
Lee: I Samuel 1: 20
Cualidades que admiras en Ana:

Lidia
Lee: Hechos 16: 11- 40
Cualidades que admiras en Lidia:

María la Madre de Jesús
Lee: Lucas 1: 26- 38
Cualidades que admiras:

Tabita
Lee: Hechos 9: 36- 42
Cualidades que admiras en Tabita:

La Mujer con el Flujo de Sangre
Lee: Lucas 8: 40- 48
Cualidades que admiras en La Mujer con el Flujo de Sangre:

La Mujer de Proverbios 31
Lee: Proverbios 31: 10- 31
Cualidades que admiras en La Mujer de Proverbios 31:

Ruth
Lee: Ruth 1: 16- 17
Cualidades que admiras en Ruth:

Para Empezar

Introducción al Examen de Práctica

Yo soy lectora de la literatura cristiana de inspiración y hay varios libros que han quedado en mis estantes—sin ser tocados—por meses, o hasta años a veces.

Sin embargo, nunca ha fallado que cuando era el tiempo indicado—cuando mi corazón estaba listo para recibir, y mis oídos posicionados para escuchar—yo quitaba estos libros de sus lugares y aprovechaba las instrucciones, las palabras de ánimo, y la guía que necesitaba durante esos tiempos perfectos de instrucción.

Estando más sensible a la instrucción a su debido tiempo, en los dos últimos años, he empezado a pedir al Espíritu que guíe mi entendimiento mientras me acerco a nuevas palabras de sabiduría, y que abra mi corazón para recibir lo que necesito de los talentosos autores de Dios.

Ha sido mientras clamaba sinceramente por instrucción que he empezado a aplicar más apropiadamente los principios de instrucción que Dios propuso para mí en los miles y miles de palabras preciosas que están entre las tapas de los libros escritos por autores con buenas intenciones.

Como una confesión personal, actualmente estoy leyendo *¡Cámbiame, Señor!* por segunda vez. La primera vez, yo estaba intentando encontrar mi lugar como madre cuando mi hijo se estaba convirtiendo en hombre. Rápidamente descubrí en el libro de Evelyn Christenson que si la relación entre mi hijo y yo iba a ser saludable a medida que mi hijo se volvía más grande e independiente, yo tendría que cambiar.

Hoy, mientras leo el libro de nuevo es como si estuviera leyéndolo por primera vez. *¡Cámbiame, Señor!* está preparándome no solamente para una nueva carrera, pero también para un nuevo papel en mi vida personal. Si nosotros nos sometemos, buenos libros y buenos maestros tendrán mucho que ofrecernos en los años por venir.

Con estas palabras, quiero que presentes el examen que sigue para determinar si estás en el lugar para escuchar, recibir, y actuar en las instrucciones incluidas dentro de este libro.

Examen de Práctica A

- ¿Estás dispuesta a iniciar cada mañana expresando en palabras y acciones cuanto amas a Dios?
- ¿Estás dispuesta a invitar a Dios para que dirija *cada* parte de tu vida?
- ¿Estás dispuesta a decir, "Dios, guía mis pensamientos, mis acciones, mis palabras, mis deseos—porque Tú eres verdad, Tú eres amor, Tú eres paz, Tú eres el que discierne lo que es bueno y lo que es malo"?

Examen de Práctica B

- ¿Te has dado cuenta que hay un anhelo profundo dentro de ti para hacer más, tener más o dar más?
- ¿Estás lista para alcanzar la visión—una que solamente puede ser inspirada por Dios—en las áreas personales, profesionales, o educacionales de tu vida?
- ¿Tu sueño va más allá que la propia realización personal?
- ¿Necesitas que alguien te dé ánimo para ir hacia adelante?

Clave para las Respuestas: Sí/No

Ahora, mira tus preguntas del examen de práctica de LOGRO. Si respondiste "sí" a una pregunta en el examen A y "sí" a una pregunta en el examen B, entonces estás lista para continuar con *El Sendero Para Ser Una Mujer Visionaria de Dios.*

Sin embargo, si respondiste "no," entonces no estás lista para avanzar por este camino en *este momento* de tu vida.

Y no hay nada malo en esto.

Toma un poco de tiempo para reflexionar en por qué respondiste "no."

Lleva tus preocupaciones a Dios en oración y cuando estés lista, regresa a este libro para ver lo que Dios tiene reservado para ti.

Te amo, y estaré orando por ti.

Dios te bendiga,
Avis

Palabras Sabias

Examinadlo todo; retened lo bueno.
1 Tesalonicenses 5:21

Aclarando lo Básico

Los Principios Clave

Principio #1

Una Mujer de LOGRO aprecia la oportunidad de moverse hacia nuevos niveles en su unión con Cristo, sabiendo muy bien que situaciones de prueba y dolores de crecimiento serán una parte del viaje.

Principio #2

Una Mujer de LOGRO es honesta con ella misma y con Dios. Entiende que la mentira destruye el potencial y el crecimiento, y seguramente trabaja en contra de las sanadoras y guiadoras manos de Dios.

Principio #3

Una Mujer de LOGRO, en medio de todo, confiesa que no es un superhéroe, pero es suficientemente prudente para poner en libertad lo que Dios ha puesto dentro de ella—dones, propósito, gozo. Ella sabe que el Espíritu Santo la guiará hacia un crecimiento continuo si pone atención y está dispuesta a rendir lo que Dios ha provisto. A la luz de Dios, ella es increíble.

Principio #4

Una Mujer de LOGRO persigue un enfoque, una manera de vivir, una actitud que ella alimenta mientras está en una relación comprometida con Dios.

Principio #5

Una Mujer de LOGRO es observadora y cuidadosa—en otras palabras, no es tonta. Ella escucha y nota a los que están celosos, parciales, enojados, frustrados, con miedo, e incluso perezosos. Los que muestran estas características podrían ser incrédulos o creyentes que se rindieron por un momento y, en su desesperación, atacaron a la Mujer de LOGRO.

Del mismo modo, una Mujer de LOGRO cuida de su propia actitud y conducta. Sabe que si ella, aún por solamente un momento, quita los ojos y la mente de la fuente de todo lo que es, también podría volverse presumida y una distracción a otros y hacia sí misma.

Desafíos

Los principios son maravillosos; tienden a guiar nuestro diario vivir. Sin embargo, a veces comprometemos nuestros principios porque otra cosa parece ser más importante.

Por ejemplo, podría ser que debas hacerte estas preguntas:

- ¿Qué es lo que *creo* que me estorba para llegar a ser quien Dios me ha llamado ser?

- ¿Qué es lo que *creo* que me está bloqueando para hacer lo que Dios me ha llamado a hacer?

- ¿Qué es lo que *creo* que está estorbando la visión de Dios que está ardiendo en mi espíritu?

Mientras contemplas estas preguntas, considera si las respuestas podrían ser algo así:

- Un futuro que nunca ha sido imaginado o que ha sido negado o rechazado
- Un pasado que está complicando al presente y/o al futuro
- Un presente que no muestra un cambio o un esfuerzo sincero de apoyar un mejor futuro

Date cuenta, yo he puesto el énfasis en la palabra "creo" porque los hijos de Dios se van a enfrentar con desafíos, pero si nos aproximamos juntos con Dios, podemos mejorar las situaciones. Lo que tú crees que es una dificultad podría ser el mejor momento de tu vida para aprender, crecer, fortalecerte y desarrollarte—si dejas que Dios intervenga o hable contigo acerca de tu pasado, presente y futuro—el Principio #1.

Una Mujer de LOGRO aprecia la oportunidad de moverse hasta nuevos niveles en su unión con Cristo, sabiendo muy bien que situaciones difíciles y dolores de crecimiento serán parte del viaje.

Yolanda Una Mujer de LOGRO en Acción

Yolanda ha sido una creyente por muchos años, pero empezó a rendir cada parte de su vida a Dios solamente en los últimos meses. Ella se dio cuenta que su vida espiritual estaba comprometida, es decir, su vida espiritual estaba en peligro de no recibir toda la paz y las bendiciones que acompañan a una vida rendida.

Su viaje enfocado y lleno del espíritu empezó cuando ella le pidió a Dios sabiduría, conocimiento, discernimiento y entendimiento para cada aspecto de su vida.

Cuando ella unió esta petición con un compromiso de ser honesta, su vida empezó a transformarse. En este tiempo de honestidad, Yolanda admitió que había escogido darle a Dios acceso restringido a su vida. Había partes personales, profesionales, hasta espirituales que Yolanda no había incluido en el reino de Dios.

Cuando ella cesó su rendición falsa, cuando cesó de mentir, y cuando unió la confesión con la gracia y perdón de Dios, Yolanda descubrió

...que ella estaba aferrándose a un pasado que la mantenía en esclavitud;

...que ella se estaba juntando con personas que estaban siendo usadas por Satanás para sembrar semillas de duda y alimentar temores pasados, y quienes intentaron poner en peligro el futuro de Yolanda porque ellos no tenían su propia visión.

Al abrir sus ojos espirituales, Yolanda comenzó a ver que ella estaba de acuerdo con esos pensamientos negativos y en consecuencia estaba saboteando el potencial que tenía para hacer grandes cosas para la gente de Dios y para realizar el potencial que Dios había puesto en su vida.

Yolanda se dio cuenta que ella no tenía que seguir un patrón que aceptaba la mediocridad alimentada por sus temores infundados, por Satanás, lo que en ultima instancia resultaba en pereza y ansiedad.

Cuando Yolanda reconoció la decepción que Satanás y la gente que se prestó para ser instrumentos que trabajan en contra de Dios había sembrado en su mente, Yolanda empezó a conectar sus deficiencias como creyente a muchas áreas en su pasado que no se habían curado, áreas que ella no había rendido a Dios.

Lo que Yolanda en realidad estaba descubriendo era que ella no confiaba en Dios para formar y dar seguridad a su vida, sus dones, su potencial y su llamamiento.

En una confesión que dice "nada de compromisos" Yolanda permitió que una rendición a Dios, el compromiso con la Palabra de Dios, y una invitación a la sanidad dieran a luz una vida enfocada en la liberación. Esta sería una liberación fuera de la ignorancia y cada fruto asociado con la decepción.

Las Mujeres de LOGRO escogen ver y responder con ojos espirituales. Reconocen que nada puede, ni debería, estar escondido de Dios.

Palabras Sabias

Mas el que me oyere, habitará confiadamente y vivirá tranquilo, sin temor del mal.
Proverbios 1:33

En el amor no hay temor, sino que el perfecto amor echa fuera el temor; porque el temor lleva en sí castigo. De donde el que teme, no ha sido perfeccionado en el amor. Nosotros le amamos a él, porque él nos amó primero.
1 Juan 4:18-19

Porque no tenemos lucha contra sangre y carne, sino contra principados, contra potestades, contra los gobernadores de las tinieblas de este siglo, contra huestes espirituales de maldad en las regiones celestes. Por tanto, tomad toda la armadura de Dios, para que podáis resistir en el día malo, y habiendo acabado todo, estar firmes.
Efesios 6:12-13

Pues aunque andamos en la carne, no militamos según la carne; porque las armas de nuestra milicia no son carnales, sino poderosas en Dios para la destrucción de fortalezas, derribando argumentos y toda altivez que se levanta contra el conocimiento de Dios, y llevando cautivo todo pensamiento a la obediencia a Cristo.
2 Corintios 10:3-5

Viéndote en el Espejo

En varias ocasiones cuando he conducido seminarios he puesto estratégicamente espejos por el cuarto o los he puesto en los paquetes de los participantes. Cuando llegamos a un punto crucial en la presentación, le he pedido a mi audiencia que saquen los espejos y confronten lo que ven mientras yo les hago preguntas investigadoras.

Una vez que cada uno supera las imperfecciones físicas, el pelo que se salió de su lugar, o lo que parezca ser desagradable, llamo la atención de todos al asunto a tratar. Las demás cosas simplemente son distracciones o tácticas de evasión—todos las tenemos.

En este libro, te voy a pedir que te veas en el espejo. Esto es exactamente lo que hizo Yolanda y ya ves como su vida cambió de curso completamente. En las reflexiones *Viéndote en el Espejo*, siempre sé honesta—el Principio #2.

Una Mujer de LOGRO es honesta con ella misma y con Dios. Entiende que la mentira destruye el potencial y el crecimiento, y seguramente trabaja en contra de las sanadoras guiadoras manos de Dios.

Viéndote en el Espejo—Tu Círculo de Influencia

Considerando los principios básicos para una Mujer de LOGRO, necesitas realizar un poquito de inventario. Toma tiempo para reflexionar en cuán central ha sido Dios en tu vida. Una exploración así podría mostrarte qué o quién ha formado los principios por los cuales vives tu vida y como has escogido responder a lo que Dios te ha mandado.

#1 ¿Cuándo aceptaste a Jesucristo como tu Salvador?

#2 ¿Cuándo empezaste a rendir a Dios (a) tus finanzas, (b) tu familia, (c) tu vida sentimental, (d) tu vida profesional, (e) tu salud, y (f) tus sueños?

Pon las fechas o los eventos, si los recuerdas, abajo en las áreas a-f. Deja en blanco las áreas que todavía no has rendido.

a. _____
b. _____
c. _____
d. _____
e. _____
f. _____

#3 Cuando repasas los puntos a-f, ¿qué es lo que te estorba para rendir ciertas áreas de tu vida? ¡Sé honesta!

#4 ¿Sientes que tu vida espiritual está siendo obstaculizada de alguna manera? Considera lo siguiente: amigos, actividades, pensamientos, eventos del pasado o personas del pasado o presente, etc. Escribe cada una de las que sea aplicable.

#5 ¿Hay algo en tu pasado, tu presente, o tu futuro que te mantiene en esclavitud? ¿Tienes miedo a seguir adelante en alguna área de tu vida? Haz una lista de cada una.

#6 ¿Hay gente en tu vida que está sembrando pensamientos negativos en tu mente, y así bloqueando la vista de un presente o futuro satisfecho y fructífero? Nombra estas personas.

#7 ¿Te ves de alguna forma mediocre debido a alguna actividad, algún evento del pasado, o algunas palabras dichas acerca de tu vida? Escribe tus preocupaciones.

#8 Viendo a tus respuestas al #7, ¿Estaría Dios de acuerdo? ¿Por qué sí o por qué no?

Tiempo de Oración

Regresa a tus respuestas a las preguntas 1-8. Mientras revisas cada una, pide a Dios que te perdone en aquellas áreas donde no has confiado en Él. Luego, pídele que te guíe para que salgas de las relaciones no saludables o que sane las que deberías mantener. Tercero, pídele que te dirija en una vida espiritual que grite "no más compromisos."

En esta oración, dile a Dios honestamente que estás dispuesta a rendir cada parte de tu existencia que no esté en línea con la vida llena del espíritu que Él quiere que vivas.

Y finalmente, pídele a Dios que cree un hambre por Su Palabra que alimente y guíe la vida santa y obediente que deseas vivir y que Él quiere que vivas.

Escribe una oración que refleje tus peticiones y pon la fecha en la oración. Como todos somos humanos, podría ser que encuentres la necesidad de regresar a esta oración de vez en cuando.

Señor,

Fecha_____

Si has sido honesta en lo antedicho, estás bien en tu camino para ser una Mujer de LOGRO que escoge ver y responder con ojos espirituales.

Palabras Sabias

Deléitate asimismo en Jehová, y él te concederá las peticiones de tu
corazón.
Salmos 37:4

<u>L evántate hasta tu potencial en Dios</u>

O btén conocimiento de la Palabra de Dios para dirección clara

G ánate la actitud para representar el carácter de Cristo

R echaza el temor porque Dios es más grande que cualquier oposición

O cúpate con las necesidades de otros, porque no todo se trata de ti

Vicky Una Mujer en LOGRO en Acción

Vicky tiene 40 años; a veces sufre de dolor en la columna y pesa unas 285 libras (129 kilos).

Ahora, ¿qué tal si Vicky te dijera que quiere ser una bailarina?

¿Qué le dirías? Y si no dirías nada en voz alta, ¿qué pensarías?

Pausa....

El asunto verdadero no es lo que piensas tú de Vicky. Lo que importa es lo que Vicky piensa de sí misma, su potencial, y la fuente de su fuerza.

Todos los demás pueden ver el tamaño de Vicky, lo que se ve con el ojo. Lo que no saben los observadores es que el día en que Vicky hizo esta confesión, empezó a cambiar sus hábitos de comer. Ella se puso a nadar y a caminar e hizo un compromiso que estas actividades serían una parte de su rutina semanal; ella esta determinada a vivir una vida saludable que se manifestará en un cuerpo más delgado y saludable.

Por lo tanto, Vicky no quiere bailar de verdad; la visión es solamente una metáfora de lo que realmente quiere. Vicky quiere ofrecerse como un regalo atractivo, saludable y vibrante a su futuro esposo.

Vicky se dio cuenta que la falta de disciplina había saboteado su retrato externo y también se filtró en las áreas espirituales de su vida.

Vicky quiere que no solamente su exterior sea atractivo para su pareja, pero que su espíritu interior también.

Vicky cree que su esposo será un regalo de Dios, su compañero en el ministerio. Así que, ella quiere presentarse como un regalo valioso y distintivamente atractivo a la pareja que Dios le traerá.

Las Mujeres de LOGRO no dependen de la confirmación de otros, pero al contrario en la de Aquél que mora en ellas.

Palabras Sabias

¿No sabéis que sois templo de Dios, y que el Espíritu de Dios mora en vosotros?
1 Corintios 3:16

La Metáfora

Tú has escuchado el dicho: "una imagen vale más que mil palabras." También sabes que si puedes visualizar algo, puedes entender poco mejor el tema.

Voy a seguir un paso mas adelante y decir que si tú puedes entender lo que es una visión, poner juntas todas las piezas intrincadas, estarás en una mejor posición para cumplir los pasos y alcanzar la visión.

Las siguientes páginas te presentarán una imagen motivadora para una Mujer de LOGRO—la bailarina talentosa de ballet. Si tú has visto a una bailarina serena y equilibrada, entonces has visto la metáfora que uso para la Mujer de LOGRO.

Ahora, podrías decir, "Yo no tengo nada en común con una bailarina— yo no bailo, no tengo el cuerpo para hacerlo, ya he pasado la edad en que podría ponerme de puntillas, o _____," (completa con tu excusa).

Si algunos de estos pensamientos vinieron a tu mente cuando leíste la palabra "bailarina," entonces, ya te has enfrentado con la razón por la cual elegí a la bailarina como la metáfora.

Una Mujer de LOGRO hace lo que Dios dice que puede hacer, no lo que piensan los demás ni lo que ella piensa que es capaz de hacer.

Cuando una mujer llamada por Dios camina en la gloria de Dios y por la gloria de Dios, ella es tan increíble, tan elegante, y tan hermosa como una bailarina angelical—el Principio #3.

Una Mujer de LOGRO, en medio de todo, confiesa que no es un superhéroe, pero es suficientemente prudente para poner en libertad lo que Dios ha puesto dentro de ella—dones, propósito, gozo. Ella sabe que el Espíritu Santo la guiará hacia un crecimiento continuo si pone atención y está dispuesta a rendir lo que Dios ha provisto. A la luz de Dios, ella es increíble.

Una Visionaria

Visualiza a esta bailarina talentosa. Ella es elegante y serena. Su postura hace que sus observadores crean que ella nació para la excelencia; parece ser naturalmente talentosa.

No obstante, una buena bailarina no adquiere la capacidad de tomar esas posiciones elegantes de un día para el otro; se necesita trabajo duro, práctica continua, y una creencia firme que sí puede bailar, y bailar bien.

De hecho, hay una posición para una bailarina que grita claramente, "Yo he llegado. ¡Yo he LOGRAdo mi destino!"

Sin embargo, toma en cuenta que la bailarina no mantiene esa posición culminante continuamente. Esta prevista y se ejecuta en el momento indicado.

Para poder ejecutar esa posición justo a su tiempo, la bailarina angelical tiene que prepararse para poder extenderse más que lo normal mientras mantiene su equilibrio—esto es lo que hace la gente visionaria.

Palabras Sabias

Prosigo a la meta, al premio del supremo llamamiento de Dios en
Cristo Jesús.
Filipenses 3:14

La Bailarina de Dios

Una Mujer de LOGRO hace las cosas que agradan y honran a su Señor y Salvador.

Ella es talentosa, dotada y equipada; sin embargo, reconocer a quien pertenece y asimismo:

- el carácter que ella heredó viviendo como hija del Rey,
- una aceptación de su don dado por Dios, y
- preparación perspicaz (por el espíritu).

son los recursos que la ayudarán en su destino—la cúspide de sus momentos dados por Dios.

Dios te ha elegido, y Él desea caminar el camino mientras tú intentas vivir esta visión que Él sembró en tu espíritu. Levantarte hasta tu potencial no es una opción, es un llamamiento.

Palabras Sabias

Yo soy la vid, vosotros los pámpanos; el que permanece en mí, y yo en él, éste lleva mucho fruto; porque separados de mí nada podéis hacer. El que en mí no permanece, será echado fuera como pámpano, y se secará; y los recogen, y los echan en el fuego, y arden. Si permanecéis en mí, y mis palabras permanecen en vosotros, pedid todo lo que queréis, y os será hecho. En esto es glorificado mi Padre, en que llevéis mucho fruto, y seáis así mis discípulos.
San Juan 15:5-8

Mantengamos firme, sin fluctuar, la profesión de nuestra esperanza, porque fiel es el que prometió.
Hebreos 10:23

Diane Una Mujer de LOGRO en Acción

Diane tiene 24 años. Ella está por graduarse de la escuela de derecho. Por años ella ha hablado de convertirse en abogada, pero desde que empezó asistir a una iglesia pequeña en el mismo pueblo que su escuela, ella ha sentido un llamamiento para moverse en otra dirección—el campo misionero y luego dar consejo legal a las organizaciones sin fines de lucro que apoyan a países del tercer mundo.

La madre de Diane, sin embargo, tiene como en un pedestal la imagen de su hija como una *abogada corporativa*; Diane no ha encontrado el valor para compartir la visión renovada de su vida; ella no quiere desilusionar a su madre.

Lo triste es que su mamá percibe que algo está diferente en Diane y teme que podría estar apartándose de lo que *ellas* habían planeado para la vida de Diane. Por eso, la mamá reitera en cada oportunidad la maravillosa contribución que Diane será para una compañía multimillonaria.

Después de orar y ayunar, Diane entiende lo que está pasando y tiene una larga plática con su madre. El tema es: "la presencia de Dios en la vida de cada creyente para proteger, guiar y enseñar."

Las Mujeres de LOGRO buscan y disciernen la voz de Dios y luego responden a Su voz.

Clarificando la Imagen

Características Distintivas de una Mujer de LOGRO

Quién: LOGRO está practicado por una mujer que está completamente comprometida con Jesús y las cosas que tienen que ver con Dios. El egoísmo no tiene lugar en su manera de vivir. Una Mujer de LOGRO reconoce quién es en Cristo y el regalo que ella será al mundo.

Qué: Ser exitosa a través de Dios, con Dios y en Dios es un estado de existencia.

Por qué: Cumplir las cosas que Dios sembró en tu corazón y ayudar a otros en el proceso es una misión vital.

Da a luz el potencial dentro de ti. Recuerda que si Dios lo quiere para ti, va a impactar a otros. Vivimos en comunidad, entonces no lo niegues a otros.

Cuándo: Preparación constante sin mucho tiempo de descanso es lo normal.

Dónde: Da a Dios el acceso total en cada área—personal, profesional, educacional, etc.

Cómo: *Audazmente*—atrévete a ver el destino de Dios.

    Sin miedo—prepárate para moverte con esperanza.

    Sin descanso—comprométete a no rendirte nunca.

    Valientemente—camina como si la Trinidad estuviera detrás de cada movimiento.

    Sumisamente—toma fuerza por medio de rendir todo a las manos de Dios.

    Diligentemente—huye de la pereza.

    Sacrificialmente—reconoce la diferencia entre sembrar y cosechar.

    Gozosamente—celebra al viaje.

Perseverantemente—sigue hacia adelante a pesar de los desafíos.

Fielmente—recuerda que a los que aman a Dios, todas las cosas les ayudan a bien, esto es, a los que conforme a su propósito son llamados.

Creativamente—escoge ser flexible en la búsqueda.

Principio #4

Una Mujer de LOGRO persigue un enfoque, una manera de vivir, una actitud que ella alimenta mientras está en una relación comprometida con Dios.

Palabras Sabias

De modo que si alguno está en Cristo, nueva criatura es; las cosas viejas
pasaron; he aquí todas son hechas nuevas.
2 Corintios 5:17

Karen, Karla, Rhonda y Joyce Mujeres de LOGRO en Acción

Un otoño la Dra. Johnson fue invitada para dar una conferencia en una ciudad a unas cuatro horas de su hogar. Ella aceptó la invitación y pasó horas preparándose para la presentación.

Como quería que las cosas salieran bien, la Dra. Johnson fue temprano y pasó una tarde platicando con las muchachas del centro que formarían su audiencia.

Ella pasó algún tiempo antes de su presentación conociendo a algunas de las jóvenes. En el grupo había intelectuales exitosas como Karen, artistas como Karla, humanitarias como Rhonda, y las que cuidan de otros como Joyce.

Después de unas pocas horas con esas increíbles jóvenes, la Dra. Johnson cambió su introducción para dirigirla a esas mujeres impresionantes de 14 a 18 años.

Aunque este no era un discurso cristiano, los principios eran todavía apropiados: cree en ti mismo, pon tus metas altas, y confía que si intentas ayudar a otros en el camino, muchos serán bendecidos.

La siguiente tarde, delante de un grupo de casi 200 personas, la Dra. Johnson comenzó con lo siguiente:

¡Las Saludo!

Futuras Presidentas; Científicas de Computación; Contadoras Mundiales; Profesoras; Abogadas; Médicas; Ejecutivas; Jefas de Grupo; Capellanes; Primer Ministros; Estudiantes Exitosas; Maestras; Corredoras; Enfermeras; Cantantes; Gerentes; Viajeras Mundiales; y _____.

Sí, estos títulos son correctos, jóvenes, porque cada una de ustedes es capaz de lograr lo imposible que impactará tu vida y las vidas de los que te rodean.

Las Mujeres de LOGRO empiezan a vivir su propio potencial antes de que realmente se den cuenta de lo que están haciendo; el llamamiento se vuelve parte de su mundo diario; en consecuencia, alertan a otros a su potencial.

Palabras Sabias

Encomienda a Jehová tus obras, y tus pensamientos serán afirmados.
Proverbios 16:3

OBTÉN CONOCIMIENTO DE LA PALABRA DE DIOS PARA DIRECCIÓN CLARA

Preparándote Para Vivir Tu Visión

Hambre de la Palabra

No hay sustitución para la Palabra de Dios. El libro mejor escrito, el sermón más perspicaz, o el poder penetrante de una canción no se comparan a lo que Dios hablará a tu espíritu mientras te sumerges en Su Palabra.

Leer regularmente, reflexionar, aceptar, y orar sobre la Palabra de Dios revolucionará tu manera de pensar, de vivir, de caminar—tu ser mismo.

Toma en cuenta, en un mundo de caos donde no tienes mucho tiempo libre, donde muchas voces ocupan tus pensamientos, y donde las cosas de Dios parecen ser contrarias a lo popular, tienes que ser perseverante para mantenerte en la Palabra.

Dale a la Palabra de Dios toda tu atención y fíjate en lo que Él hablará a tu espíritu.

Consejo: Si se te hace difícil empezar, pídele a Dios que cree dentro de ti un hambre desesperada por Su Palabra y Su presencia en tu vida—espera para ver que vendrá de tal petición.

Palabras Sabias

Procura con diligencia presentarte a Dios aprobado, como obrero que no tiene de qué avergonzarse, que usa bien la palabra de verdad.
2 Timoteo 2:15

Te haré entender, y te enseñaré el camino en que debes andar; sobre ti fijaré mis ojos.
Salmos 32:8

Retén el consejo, no lo dejes; guárdalo, porque eso *es* tu vida.
Proverbios 4:13

Y me buscaréis y *me* hallaréis, porque me buscaréis de todo vuestro corazón.
Jeremías 29:13

Porque la palabra de Dios *es* viva y eficaz, y más cortante que toda espada de dos filos; y penetra hasta partir el alma y el espíritu, las coyunturas y los tuétanos, y discierne los pensamientos y las intenciones del corazón.
Hebreos 4:12

Visiones

Las Mujeres de LOGRO escogen tener una visión, un sueño para sus vidas. Déjenme decirlo de otra manera, las mujeres comprometidas a vivir la Palabra de Dios no tienen opción, más que tener una visión para sus vidas.

Dios está presente, activo, y dando esperanza a sus existencias.

Por lo tanto, una visión es parte de ser un creyente, por una visión acepta un futuro productivo y que satisface y que apunta a ser una sierva de Dios y una bendición a otros.

Sin embargo, entiende claramente que una visión no es algo que está sucediendo ahora mismo, pero es algo que necesita un esfuerzo, trabajo duro, y un compromiso de buscar el consejo de Dios antes, durante, y después de cumplirlo.

Finalmente, hay otra característica clave de las visiones—la parte complicada. Muchas veces es algo que otros no entenderán; simplemente no pueden verlo o se niegan a reconocer el poder de Dios en tu vida.

La solución aquí es tomar en cuenta dónde se encuentran en su camino con Dios cuando intentan aconsejarte acerca de la visión que Dios te ha dado.

Mientras consideras sus comentarios, pregunta a Dios en oración si ellos es realidad están listos para aceptar tu visión—el Principio #5.

Una Mujer de LOGRO es observadora y cuidadosa—en otras palabras, no es tonta. Ella escucha y nota los que están celosos, parciales, enojados, frustrados, con miedo, incluso perezosos. Los que muestran estas características podrían ser incrédulos o creyentes que se rindieron por un momento y, en su desesperación, atacaron a la Mujer de LOGRO.

Del mismo modo, una Mujer de LOGRO cuida de su propia actitud y conducta. Sabe que si ella, aún por solamente un momento, quita los ojos y la mente de la fuente de todo lo que es, también podría volverse presumida y una distracción a otros y a sí misma.

Palabras Sabias

Ayunamos, pues, y pedimos a nuestro Dios sobre esto, y él nos fue propicio.
Esdras 8:23

Crea en mí, oh Dios, un corazón limpio, y renueva un espíritu recto dentro de mí.
Salmos 51:10

Examíname, oh Dios, y conoce mi corazón; pruébame y conoce mis pensamientos; y ve si hay en mi camino de perversidad, y guíame en el camino eterno.
Salmos 139:23-24

No que lo haya alcanzado ya, ni que ya sea perfecto; sino que prosigo, por ver si logro asir aquello para lo cual fui también asido por Cristo Jesús.
Filipenses 3:12

Ester

¿Recuerdas a Ester, la niña huérfana?

¿Qué crees que dijeron los amigos de Ester cuando les dijo que se iba a preparar para el puesto de reina? No había forma de que ellos pudieran haber imaginado el plan que Dios tenía para Ester, tampoco las puertas que serían abiertas para que ella salvara a su pueblo.

¿Recuerdas lo que hicieron Ester y sus siervos antes de que Ester determinara reunirse con él rey en un tiempo inoportuno? Ayunaron y oraron.

Dios podría tener planes más grandes para tu vida de los que tienes tú, o los que están a tu alrededor; no obstante, si escoges no participar en el plan de Dios, nunca conocerás los resultados.

Yo sugiero que releas (o leas) el Libro de Ester. Mientras examinas su vida, piensa en lo siguiente.

- Su trasfondo
- Su preparación que la alistó para la posición apropiada
- El consejo que la influyó
- Sus pasos espirituales que guiaron sus movimientos sabios
- Su éxito final para su pueblo

Rut

¿Recuerdas a Rut, la viuda separada de su familia natal?

¿Qué crees que deseaban el padre y la madre de Rut cuando murió su esposo? ¿Quién no quisiera que su hija regresara a casa? No había forma de que ellos pudieran haber imaginado el plan que Dios tenía para Rut, tampoco las bendiciones que sus hijos y los hijos de sus hijos traerían para el pueblo de Dios.

¿Recuerdas lo que hizo Rut antes de encontrarse con Booz en la era? Ella buscó consejo sabio.

Dios podría tener planes más grandes para tu vida de los que tienen tu padre o tu madre; sin embargo, si escoges no participar en el plan de Dios, nunca conocerás los resultados.

Te sugiero que vuelvas a releas (o que leas) el Libro de Rut. Mientras examinas su vida, piensa en lo siguiente:

- Su pasado
- Su preparación que la alistó para estar en la posición apropiada
- El consejo que la influyó
- Sus pasos espirituales que guiaron sus movimientos sabios (especialmente su decisión de honrar el Dios monoteísta de Noemí)
- Su éxito final para el pueblo de Dios

Palabras Sabias

....¿Y quién sabe si para *esta* hora has llegado al reino?
Ester 4:14

Viéndote en el Espejo

#1 ¿Qué imaginas que vas a lograr en tu vida personal—a corto y a largo plazo?

#2 ¿Qué imaginas que vas a hacer en tu vida profesional—a corto y a largo plazo?

#3 ¿Qué imaginas que vas a hacer en tu vida espiritual—a corto y a largo plazo?

Intenta recordar cómo se desarrollaron estas visiones.

¿Son tuyas o fueron inspiradas por Dios? Una buena manera de distinguir entre las dos raíces es identificar cuáles serán los frutos y quién se beneficiará.

¿Estas visiones van a beneficiarte sólo a ti y a los tuyos o apoyarán a la gente de Dios y Su reino?

Utilizando la Manera Práctica

Para una de estas visiones dadas por Dios, ¿qué actividades prácticas apoyarían su finalización? Haz una lista de las cosas que tendrás que hacer para poder vivir la visión. Considera el entrenamiento, clases académicas, trabajo voluntario, lectura, membresía en una organización, colaboraciones, tutoría, conocer gente en el área que te interesa, etc.

No te preocupes del orden todavía. Esta es una actividad para juntar tus ideas y solamente requiere que las apuntes. Regresarás a esta lista varias veces.

-
-
-
-
-
-
-
-
-
-
-

Tomando el Camino de Una Mujer Piadosa

Un Llamamiento Desde el Cielo

Hay una característica única de la mujer piadosa que participa en el sistema de LOGRO. Podría ser que sus sueños no son típicos de la bailarina de ballet o la mujer cristiana que no ha imaginado las infinitas posibilidades para servir y ser una bendición a otros por medio de Dios.

La mujer de Dios que participa en LOGRO avanza continuamente hacia su Padre celestial.

Mientras la bailarina está de puntillas—sus muslos, cintura, y brazos se estiran hacia el punto más alto posible—esta bailarina podría descubrir que un movimiento leve hacia la derecha o la izquierda es más apropiada que un movimiento de 90 grados.

Una mujer comprometida con Dios siempre se dirige hacia Él, y siempre busca la visión *casi* imposible que Dios ha sembrado en su corazón.

Los sueños que Dios da solamente pueden hacerse realidad cuando una mujer de Dios avanza en Su dirección por fe, compromiso y atención a Su Palabra y amor.

Palabras Sabias

Prosigo a la meta, al premio del supremo llamamiento de Dios en
Cristo Jesús.
Filipenses 3:14

Con Cristo estoy juntamente crucificado, y ya no vivo yo, mas vive
Cristo en mí; y lo que ahora vivo en la carne, lo vivo en la fe del Hijo de
Dios, el cual me amó y se entregó a sí mismo por mí.
Gálatas 2:20

En mi corazón he guardado tus dichos, para no pecar contra ti.
Salmos 119:11

Sécase la hierba, marchítase la flor; mas la palabra del Dios nuestro
permanece para siempre.
Isaías 40:8

Lámpara *es* a mis pies tu palabra, y lumbrera a mi camino.
Salmos 119:105

Pero sed hacedores de la palabra, y no tan solamente oidores,
engañándoos a vosotros mismos.
Santiago 1:22

Compañía en el Camino Hacia la Claridad y la Satisfacción

Cada día puede traer sorpresas y eventos inesperados que pueden provocar un camino de distracción, pero si la Mujer de LOGRO camina con Dios constantemente, ella puede mantener un compromiso firme al camino que Dios prefiere.

Todos hemos visto estos caminos oscuros y sinuosos que salen en las escenas de las películas. Los espectadores saben lo que está al otro lado de la curva, pero no el que está detrás del volante.

Uno puede sentir estrés cuando no sabe, pero saber que Dios tiene control del timón puede traer una paz que anula el temor.

Cuando una Mujer de LOGRO está hablando con Dios, orando a Dios, el evento más inesperado puede ser abordado con sabiduría y claridad.

A veces solamente se necesita una simple oración silenciosa para recibir dirección clara; otras veces podría requerir una persistencia comprometida para confiar en Dios a pesar de lo que se ve o lo que no se puede ver.

Palabras Sabias

Mas tú, Jehová, *eres* escudo alrededor de mí; mi gloria, y el que levanta
mi cabeza.
Salmos 3:3

Amado, yo deseo que tú seas prosperado en todas las cosas, y que tengas
salud, así como prospera tu alma.
3 Juan 1:2

Así que, hermanos míos amados, estad firmes y constantes, creciendo en
la obra del Señor siempre, sabiendo que vuestro trabajo en el Señor no
es en vano.
1 Corintios 15:58

No mirando nosotros las cosas que se ven, sino las que no se ven; pues
las cosas que se ven *son* temporales, pero las que no se ven *son* eternas.
2 Corintios 4:18

Escoger Sabiamente: Cuatro Direcciones Potenciales

Movimientos en la Vida

#1

Hacia Arriba—Movimiento hacia Dios y las cosas de Dios

El movimiento hacia arriba en la vida está acompañado y alimentado por una vida llena del Espíritu. Las características comunes incluyen: ayunar, orar, meditar en la Palabra, depender completamente y tener fe en Dios y una comprensión de que a los que aman a Dios, todas las cosas les ayudan a bien, esto es, a los que conforme a su propósito son llamados. En otras palabras, una actitud fiel y pacífica resiste las tormentas de la vida.

#2

Hacia Abajo—Movimiento que está completamente en contra de Dios

En este movimiento de la vida, la carne tiene el control. Tú sigues las emociones, y tú eres el centro de tu mundo. No consultas a Dios, no percibes el valor de Su Palabra, y no ves a otros como creaciones de Dios; de hecho, pueden ser vistos como un objeto o hasta un medio—mi felicidad, mis posesiones, mis deseos.

#3

Hacia el Medio a la Izquierda o la Derecha—Movimiento que apoya la distracción

En un mundo de caos no es difícil distraerse, salirse del plan, ser interrumpido en las cosas que conciernen a Dios. La clave, sin embargo, es monitorear con cuidado, con la guía del Espíritu Santo, movimientos que parecen ser piadosos. Hay tiempos cuando Dios te hará pausar y reflexionar para encargarte de asuntos que tienes que resolver antes de progresar a un nuevo nivel para cumplir el llamamiento de tu visión.

Hacia Atrás—Movimiento que es conocido, pero no siempre apoya el crecimiento

La mejor manera de explicar este movimiento en la vida es que pienses en un tiempo, una persona, o una actividad que te dio bienestar temporal; hoy, sin embargo, tú sabes que este movimiento era una liberación temporal del dolor, del temor, de la preocupación o que era solamente algo que disfrutabas, pero era claro que no estaba en línea con la vida que Dios tenía en mente para ti. Era conocido y cómodo, pero no apoyaba tu crecimiento en el Señor.

Viéndote en el Espejo—Movimientos de la Vida

¿Hubo un momento en que te moviste hacia arriba, un paso hacia Dios?

Fue cuando

¿Por qué lo hiciste?

¿Cuáles fueron las circunstancias?

¿Otra persona estaba involucrada?

¿Cuáles fueron los resultados?

¿Hubo un momento en que te moviste hacia abajo, un paso más lejos de Dios?

Fue cuando

¿Por qué lo hiciste?

¿Cuáles fueron las circunstancias?

¿Otra persona estaba involucrada?

¿Cuáles fueron los resultados?

¿Hubo un momento en que te moviste a un lado, un paso hacia una distracción?

Fue cuando

¿Por qué lo hiciste?

¿Cuáles fueron las circunstancias?

¿Otra persona estaba involucrada?

¿Cuáles fueron los resultados?

¿Hubo un momento en que te moviste hacia atrás, un paso hacia lo conocido?

Fue cuando

¿Por qué lo hiciste?

¿Cuáles fueron las circunstancias?

¿Otra persona estaba involucrada?

¿Cuáles fueron los resultados?

Tiempo de Oración

Regresa a tus respuestas en *Movimientos de la Vida*.

Mientras revisas cada una, pide a Dios que te perdone en aquellas áreas en que no confiaste en Él.

Después, pide a Dios que te guíe a un lugar de sanidad, perdón y, donde se necesite, corrección cuando los movimientos sin Él crearon un estorbo— mental, emocional, o espiritual. En esta oración, dile a Dios honestamente que tú estás dispuesta a rendir cada aspecto de tu vida que no esté en línea con la vida llena del Espíritu que Él quiere que vivas.

Y finalmente, pide a Dios que cree un hambre por Su Palabra que alimente y guíe la vida santa y obediente que deseas vivir para que desde este punto y en adelante Dios sea una parte de cada movimiento.

Escribe una oración que refleje tus peticiones y pon la fecha en la oración. Como todos somos humanos, podría ser que tuvieras la necesidad de regresar a esta oración de vez en cuando.

Señor,

Fecha_____

Si has sido honesta en lo antedicho, estás comportándote como una Mujer de LOGRO que escoge ver y responder con ojos espirituales.

Palabras Sabias

El temor de Jehová *es* el principio de la sabiduría, y el conocimiento del
Santísimo *es* la inteligencia.
Proverbios 9:10

Y revestido del nuevo, el cual conforme a la imagen del que lo creó se va
renovando hasta el conocimiento pleno.
Colosenses 3:10

Movimiento con un Propósito Piadoso

Si regresamos a la bailarina de ballet, en el proceso de alcanzar hasta su punto más alto, hay un movimiento que lleva a este ángel lleno de gracia más allá de lo normal. Requiere que la bailarina se extienda y mueva a un nuevo nivel.

El movimiento tiene propósito, está enfocado, extendido—sin esforzarse tanto que cause efectos secundarios que incapaciten—y complementa la conducta de la bailarina. En otras palabras, la posición de la bailarina se ve natural, en su lugar, bienvenida y apropiada.

Para que estas últimas características sean una realidad para la Mujer de LOGRO, ella tiene que prepararse fielmente para el cumplimiento de las visiones que Dios le da. La preparación es clave para la mujer que escoge vivir una vida de LOGRO.

Palabras Sabias

Te haré entender, y te enseñaré el camino en que debes andar; sobre ti
fijaré mis ojos.
Salmos 32:8

Respirando un Estilo de Vida

Costumbres Para Una Vida Visionaria

Una rutina no siempre es mala; respalda el enfoque, el compromiso, y un plan de acción. Cuando las cosas se salen del control, ¿qué haces? ¿Qué te ayuda a estabilizarte?

¿Alguna vez has reflexionado acerca de eventos turbulentos del pasado y has descubierto que, si los hubieras enfrentado desde el principio de otra manera, las cosas podrían haber terminado diferente y podrías haberte ahorrado muchos momentos de agonía?

Bueno, una Mujer de LOGRO aprende que actuar pro-activamente es mucho más pacífico, satisfactorio y tranquilizante que responder a situaciones problemáticas sin estar preparada.

Me llevó un tiempo descubrir el patrón de *Mantenerte en Forma para la Vida* para vivir una vida enfocada en una visión, pero, ahora que lo he aceptado, es tan natural como inhalar el aire aunque muchos no entienden mi necesidad de ser fiel a este patrón de vida.

Mientras yo sostengo que no hay ningún patrón universal para el viaje hacia tu visión, te aliento mucho a que examines con atención la lista de actividades que sigue y que después la edites para que se ajuste con tu personalidad y tus necesidades de alimento espiritual.

Movimientos para Mantenerte en Forma para la Vida

- **Ora**
- Invierte tiempo en la Palabra de Dios
- Escribe los sueños que Dios te da
- *Apártate por un tiempo a solas—escucha, reflexiona, planea y revisa*
- No seas celosa de los éxitos o bendiciones de otras personas
- Acepta cada etapa de tu vida como una oportunidad para transformarte en una mejor mujer de Dios—una oportunidad para extender tu mente, mejorar tu actitud, aumentar tu amor, y perfeccionar tu paciencia

- **Ora**
- Invierte tiempo en la Palabra de Dios
- Durante las etapas poco activas o complicadas de tu vida, permítete hacer lo que puedes y no enojarte cuando piensas que no es suficiente
- Da ánimo a otras hermanas mientras se levantan hacia las visiones que Dios les ha dado
- Alaba a Dios
- *Apártate por un tiempo a solas—escucha, reflexiona, planea y revisa*
- Acepta el hecho de que los sueños que Dios da pueden aparecer en una etapa, desarrollar en otra, y completarse en otra

- **Ora**
- Invierte tiempo en la Palabra de Dios
- Ten un cuaderno cerca—en el auto, al lado de tu cama o en tu bolsa—para apuntar revelaciones creativas e indicaciones susurradas por el Espíritu Santo

- Huye de la insensatez—tus costumbres financieras son importantes. ¿Cuidas de tu dinero como si tuvieras un sueño para apoyar?
- Rodéate de al menos unas pocas mujeres que practican el sistema de LOGRO
- *Apártate por un tiempo a solas—escucha, reflexiona, planea y revisa*
- Busca el entrenamiento, educación, habilidades, etc. que se necesitan para cumplir tu visión
- **Ora**

Eva Una Mujer de LOGRO en Acción

Cuando ella tenía 14 años, Dios sembró el deseo de ser una evangelista en el corazón de Eva. En su tiempo y especialmente en su iglesia, las mujeres no tomaban tales roles espirituales. Eva siguió trabajando, enseñando en la Escuela Dominical, sirviendo como presidenta de varios grupos en la iglesia, y dando discursos en los aniversarios de la iglesia. Mientras se acercaba el tiempo en que iba a ir a la universidad, Eva empezó a investigar sobre una escuela que podría apoyar su sueño de ser una evangelista, sin embargo, cuando llegó la información de la universidad, Eva supo que sus padres no podrían pagar una escuela cristiana privada, por lo que dejó ir su sueño, al menos por un tiempo.

Después de haber ganado tres títulos académicos y Eva estando parada en el aula universitaria donde daba clases recibió la invitación para compartir la Palabra de Dios en el extranjero. Este llamamiento vino después de años de experiencias que la habían preparado para esta oportunidad específicamente.

Al día de hoy, Eva ha realizado cinco viajes más fuera del país, y ha desarrollado un programa que traerá esperanza y oportunidad a gente necesitada. Aunque han pasado unos 30 años, el deseo de Eva de compartir el amor de Dios en todas partes del mundo ha llegado a realizarse. La visión ha tomado otra forma, pero ahora a la edad de 44 años ella está compartiendo el amor de Dios.

Las Mujeres de LOGRO esperan ser refinadas.

Palabras Sabias

Por tanto, ceñid los lomos de vuestro entendimiento, sed sobrios, y esperad por completo en la gracia que se os traerá cuando Jesucristo sea manifestado; como hijos obedientes, no os conforméis a los deseos que antes teníais estando en vuestra ignorancia; sino, como aquel que os llamó es santo, sed también vosotros santos en toda *vuestra* manera de vivir; porque escrito está: *Sed santos, porque yo soy santo.*

Y si invocáis por Padre a aquel que sin acepción de personas juzga según la obra de cada uno, conducíos en temor todo el tiempo de vuestra peregrinación; sabiendo que fuisteis rescatados de vuestra vana manera de vivir, la cual *recibisteis* de vuestros padres, no con cosas corruptibles, *como* oro o plata, sino con la sangre preciosa de Cristo, como de un cordero sin mancha y sin contaminación, ya destinado desde antes de la fundación del mundo, pero manifestado en los postreros tiempos por amor de vosotros, y mediante el cual creéis en Dios, quien le resucitó de los muertos y le ha dado gloria, para que vuestra fe y esperanza sean en Dios.

Habiendo purificado vuestras almas por la obediencia a la verdad, mediante el Espíritu, para el amor fraternal no fingido, amaos unos a otros entrañablemente, de corazón puro; siendo renacidos, no de simiente corruptible, sino de incorruptible, por la palabra de Dios que vive y permanece para siempre.

Porque:
Toda carne es como hierba, y toda la gloria del hombre como flor de la hierba. La hierba se seca, y la flor se cae; mas la palabra del Señor permanece para siempre.
Y esta es la palabra que por el evangelio os ha sido anunciada.
1 Pedro 1:13-25

Advertencia

En la concepción de la visión, durante los tiempos de preparación y durante el movimiento hacia arriba, es posible que otros no entenderán la visión que Dios te ha dado, tus esfuerzos, o tu relación con Dios. Pero tú y Dios saben lo que está pasando.

Toma la decisión firme de escuchar a Dios y no poner atención al ruido que podría distraerte.

Si permaneces fiel al programa para *Mantenerte en Forma para la Vida*, entonces tienes la voz del discernimiento de Dios, y tienes al menos un par de amigas con la misma forma de pensar a quienes puedes pedir consejo sabio durante tu viaje.

No obstante, más que estar con hermanas del mismo sentir durante este viaje, tienes que tomar tiempo a solas con Dios. Tú has hecho a Dios una prioridad, entonces Su voz es una parte central del proceso.

Palabras Sabias

No os conforméis a este siglo, sino transformaos por medio de la renovación de vuestro entendimiento, para que comprobéis cuál sea la buena voluntad de Dios, agradable y perfecta.
Romanos 12:2

GÁNATE LA ACTITUD PARA REPRESENTAR EL CARÁCTER DE CRISTO

Shirley Una Mujer de LOGRO en Acción

Una tarde fresca de diciembre, Shirley y su amiga Carry estaban caminando por el centro comercial North Park.

Frank, el esposo de Shirley, tiene muy buen gusto y ella quería encontrar un saco para regalarle en su cumpleaños, por lo que entraron a una tienda de ropa para hombre.

Carry solamente la seguía; ella si siquiera sabía que existía esta tienda, y nunca había entrado. Mientras Shirley veía algunos sacos, un apuesto vendedor se acercó.

¿Puedo ayudarlas en algo?"

"No, solamente estamos viendo," Shirley contestó con una sonrisa de confianza.

Cuando el vendedor se alejaba, Carry le sonrió tímidamente. Pensó que el hombre era muy guapo. Carry no lo sabía, pero Shirley se dio cuenta de la mirada de atracción.

"¿Te gustaría que te presentara? Mike y yo platicamos a veces cuando estoy en la tienda con Frank."

"Oh, no, yo no estoy lista."

Carry murmuró las palabras mientras se ajustaba su blusa, arreglaba su pelo, y mostraba su bien conocida expresión insegura.

"Carry, nunca estarás lista si no cambias tu modo de pensar. Tienes que saber a quien perteneces y quien eres en Cristo antes de que otros puedan apreciar tu hermosura."

"Shirley, yo no soy como tú. Tú tienes todo bajo control."

"No, Carry, yo no tengo todo bajo control, pero soy la hija del Rey Todopoderoso. ¿Cómo no sostener mi cabeza en alto y dejar que la luz de Dios brille por mí? Tengo muchos dones. Mi actitud es de respeto a otros y a mi misma y es una parte de mi testimonio."

Las Mujeres de LOGRO conocen a su Creador y en todo momento saben lo que poseen por medio de Aquel a quien han escogido seguir.

Palabras Sabias

Porque tú formaste mis entrañas; tú me hiciste en el vientre de mi
madre. Te alabaré; porque formidables, maravillosas son tus obras;
estoy maravillado, y mi alma lo sabe muy bien. No fue encubierto de
ti mi cuerpo, bien que en oculto fui formado, y entretejido en lo más
profundo de la tierra. Mi embrión vieron tus ojos, y en tu libro estaban
escritas todas aquellas cosas que fueron luego formadas, sin faltar una
de ellas.
Salmos 139:13-16

Mas el fruto del Espíritu es amor, gozo, paz, paciencia, benignidad,
bondad, fe, mansedumbre, templanza; contra tales cosas no hay
ley. Pero los que son de Cristo han crucificado la carne con sus
pasiones y deseos. Si vivimos por el Espíritu, andemos también por el
Espíritu. No nos hagamos vanagloriosos, irritándonos unos a otros,
envidiándonos unos a otros.
Gálatas 5:22-26

Sobre la Actitud

Se Necesita Voluntarios: Solamente los Dispuestos Deberían Dedicarse

Una actitud positiva, piadosa y gozosa es muy importante. Baja autoestima o fealdad no tienen lugar en la vida de una Mujer de LOGRO. Tales características manifiestan lo que es contrario al Dios a quien servimos.

No hay nada más desalentador o lamentable para una mujer que profesa amar al Señor que presentar una actitud de inferioridad o manifestar un carácter que hace a otros sentirse envidiados, rechazados o fracasados.

Tales expresiones ofenden al receptor y también muestran temor, fracaso y, a veces, celos.

En todo momento, deja que Cristo brille por medio de ti. Decide participar en el plan de Dios para cada día de tu vida, y hacerlo con una actitud de gozo y expectación. También, cuando la oportunidad lo permite, haz un poco mas brillante el día de alguien más.

Para hacer esto regularmente, escoge enfrentar cada mañana con una canción de alabanza en tu corazón. No significa que cada día estará lleno de victorias, pero puedes regocijarte sabiendo que Dios quiere estar contigo y que tú has escogido traer luz a las vidas de otros.

Palabras Sabias

Es verdad que ninguna disciplina al presente parece ser causa de gozo, sino de tristeza; pero después da fruto apacible de justicia a los que en ella han sido ejercitados.
Hebreos 12:11

Estad siempre gozosos. Orad sin cesar. Dad gracias en todo, porque esta es la voluntad de Dios para con vosotros en Cristo Jesús.
1 Tesalonicenses 5:16-18

Aceptando las Temporadas de la Vida

Del mismo modo en que cambian las estaciones año, también cambian las situaciones en tu vida. Podría ser que tú te impusiste una situación, o podría ocurrir por algo sobre lo que no tienes control.

Las temporadas de la vida podrían interrumpir el programa que planeaste para cumplir tu visión, o podrían ajustarse las formas de la visión—esto no es algo malo.

Las etapas, si están respaldadas por Dios, traen madurez y agudizan tu oído y, por medio de esto, traen claridad a tu visión.

Aquí hay algunas características de las etapas. Debajo de la lista hay espacio para que agregues otras que muestren quién eres tú y qué es lo que tú enfrentas con respecto a familia, empleo, amigos, posición financiera, etc.

Un Cambio en los Ingresos	Un Nuevo Empleo o la Pérdida de un Trabajo	Los Hijos Salen de la Casa
Búsqueda de Educación	Nuevos Amigos, Viejos Amigos, o la Ausencia de Amigos	Un Accidente
Las Necesidades de los Hijos	Una Graduación	Las Necesidades/ Peticiones de los Padres
Una Muerte en la Familia	Un Nuevo (o Viejo) Jefe	Deudas Financieras
Un Nacimiento	Miembros Problemáticos en la Familia	Un Ataque Breve de Temor o Insuficiencia
Un Problema de Salud	Una Discapacidad	Un Divorcio o el Fin de una Relación

Palabras Sabias

Y Jehová va delante de ti: él *estará* contigo, no te dejará, ni te
desamparará; no temas ni te intimides.
Deuteronomio 31:8

Dios *es* el que me ciñe de fuerza, y quien despeja mi camino.
2 Samuel 22:33

Y habéis ya olvidado la exhortación que como a hijos se os dirige,
diciendo:
Hijo mío, no menosprecies la disciplina del Señor, ni desmayes cuando eres
reprendido por él; porque el Señor al que ama, disciplina, y azota a todo el
que recibe por hijo.
Hebreos 12:5-6

Echando toda vuestra ansiedad sobre él, porque él tiene cuidado de
vosotros. Sed sobrios, y velad; porque vuestro adversario el diablo, como
león rugiente, anda alrededor buscando a quien devorar.
1 Pedro 5:7-8

Lauretta Una Mujer de LOGRO en Acción

Él se fue, dejando sus dos hijos, su esposa y su hogar. Dijo que era demasiada presión.

Cinco meses después, Lauretta perdió su casa y estuvo obligada mudarse y empezar de nuevo.

Al principio de esta temporada angustiosa, Lauretta se permitió tres días para llorar, y luego secó los ojos y decidió ponerse a trabajar por una mejor vida para ella y sus hijos.

Rendirse no era una opción.

Dos años después Lauretta tenía una casa rentada que ella había convertido en un nido cómodo, dos trabajos para poder sostenerse, y la memoria dolorosa de un matrimonio de quince años que estaba deteriorándose en su mente. Ella hizo la paz con su vida, una vida que era más pacífica sin el hombre que no quería a su familia.

Su decisión de ser una mujer de Dios, una madre, y una mujer sin amargura hizo posible la sanidad.

Hoy, Lauretta sonríe y la sonrisa es genuina. Su fe está más fuerte que nunca.

Las Mujeres de LOGRO siguen adelante a pesar de las temporadas.

Palabras Sabias

Ayunamos, pues, y pedimos a nuestro Dios sobre esto, y él nos fue propicio.
Esdras 8:23

No que lo haya alcanzado ya, ni que ya sea perfecto; sino que prosigo, por ver si logro asir aquello para lo cual fue también asido por Cristo Jesús.
Filipenses 3:12

Amanda Una Mujer de LOGRO en Acción

A algunas mujeres verdaderamente les encanta su trabajo, y una de ellas era Amanda. Aunque era nueva en su puesto, ella estaba determinada a realizarlo bien.

Cada mañana Amanda despertaba y pedía a Dios que la ayudara para hacer lo mejor y que dejara funcionar la creatividad y la sabiduría para que ella pudiera hacer un cambio a su alrededor y alcanzar el potencial que Él había puesto en su espíritu. Aunque Amanda no era muy sociable en su trabajo, había conocido algunas personas y platicaba con ellos de vez en cuando.

Pero, la verdad acerca de estos amistades de trabajo fue revelada un día. Amanda recibió una increíble oportunidad—la promovieron a un nuevo área. Era raro que promovieran a alguien nuevo. Corrió la voz sin que Amanda dijera una palabra acerca de esta bendición. Junto con la noticia, Amanda conoció los corazones de sus compañeros.

Una mujer la confrontó.

"Cuando llegaste, pensamos que no eras nadie."

Claro que este comentario lastimó los sentimientos de Amanda.

Todo lo que había hecho fue pedir a Dios que la ayudara para hacer un buen trabajo, mantenerse cordial y profesional y hacer un trabajo sobresaliente.

A pesar del dolor inicial, Amanda decidió no seguir pensando en esas palabras. Ella continuó su viaje con Dios y se propuso ser una mujer de Dios a pesar de sus compañeros. En los siguientes nueve años, Amanda subió desde portera hasta cajera, dependiente del servicio a clientes, asistente del gerente y gerente y al fin estaba viajando por todo el país poniendo tiendas nuevas.

Las Mujeres de LOGRO pueden, y a veces tienen que caminar a solas con Dios.

Palabras Sabias

Acerquémonos, pues, confiadamente al trono de la gracia, para alcanzar
misericordia y hallar gracia para el oportuno socorro.
Hebreos 4:16

No améis al mundo, ni las cosas que están en el mundo. Si alguno ama
al mundo, el amor del Padre no está en él. Porque todo lo que *hay* en el
mundo, los deseos de la carne, los deseos de los ojos, y la vanagloria de
la vida, no proviene del Padre, sino del mundo.
1 Juan 2:15-16

Bienaventurado el varón que no anduvo en consejo de malos, ni estuvo
en camino de pecadores, ni en silla de escarnecedores se ha sentado;
sino que en la ley de Jehová *está* su delicia, y en su ley medita de día y de
noche. Será como árbol plantado junto a corrientes de aguas, que da su
fruto en su tiempo, y su hoja no cae; y todo lo que hace, prosperará.
Salmos 1:1-3

Viéndote en el Espejo—Sobrellevando las Temporadas

Aunque las temporadas pueden probarnos, fatigarnos y retar lo que pensamos que conocemos y confiamos, pedir a Dios sabiduría, discernimiento, y entendimiento puede cambiar una temporada difícil en suelo fértil para la reflexión positiva y el crecimiento.

Sin importar la situación, Dios esta allí, inmutable, pero la pregunta es ¿cómo eras y quién te volviste?

Piensa en una de las temporadas más difíciles de tu vida. Viendo ahora como concluyó, ¿cómo fuiste transformada? A su fin, ¿mejoraste y te hiciste un modelo más fuerte para otros que están pasando por algo parecido y una creyente más fiel o te volviste rebelde, enojada, deprimida, etc.?

Usa el espacio aquí para reflexionar sobre esta experiencia y luego ora y medita sobre las citas que siguen.

Reflexión:

Palabras Sabias

Estas cosas os he hablado para que en mi tengáis paz. En el mundo
tendréis aflicción; pero confiad, yo he vencido al mundo.
Juan 16:33

Y no sólo *esto*, sino que también nos gloriamos en las tribulaciones,
sabiendo que la tribulación produce paciencia; y la paciencia, prueba; y
la prueba, esperanza.
Romanos 5:3-4

Vestirse para el Viaje

Prepárate, Prepárate

Una mujer que es hermosa por dentro, habiendo sido cambiada y renovada por la Palabra, desea estar igual de hermosa por fuera.

Dependiendo de la ocasión, ella escoge ropa que esté de moda, pero que también sea práctica. La ropa inadecuada puede ahogar la participación en algunos eventos y dice claramente a los observadores que ella no está informada ni preparada.

Una Mujer de LOGRO con una actitud piadosa tiene que ceñirse. La palabra "ceñir" significa prepararse para la acción, equiparse. Las Mujeres de LOGRO tienen una misión.

En 1 Samuel capítulo 17, Saúl intenta preparar a David para la batalla; le da su armadura intentando ayudarlo, pero no funciona para David. Se la quita y escoge algo más apropiado para él y su misión.

Cada mujer debe vestirse para el LOGRO. Aunque algunos artículos de ropa serán comunes entre las mujeres piadosas, personalidades y visiones individuales conformarán diferencias exclusivas en la vestimenta de cada LOGRAdora.

Palabras Sabias

Por tanto, tomad toda la armadura de Dios, para que podáis resistir
en el día malo, y habiendo acabado todo, estar firmes. Estad, pues,
firmes, ceñidos vuestros lomos con la verdad, y vestidos con la coraza de
justicia, y calzados los pies con el apresto del evangelio de la paz. Sobre
todo, tomad el escudo de la fe, con que podáis apagar todos los dardos
de fuego del maligno. Y tomad el yelmo de la salvación, y la espada del
Espíritu, que es la palabra de Dios.
Efesios 6:13-17

La Vestimenta de Eva

Un Traje de Tres Piezas:
- Primero, los pies de Eva están cubiertos por la educación. Le tomó años obtener sus títulos, pero la educación es una parte de su ser, lo formal y lo informal también. Ella sabe que será una estudiante durante toda su vida.
- Segundo, el manto exterior de Eva es así: la Escritura pasa por cada costura; la fe, la perseverancia y la paciencia sirven como un yugo alrededor de su cuello; la creatividad le cubre el pecho; la determinación e intrepidez son los parches en los codos; la esperanza cubre su espalda; y la oración cruza en el frente en una línea dorada que termina en sus rodillas.
- Finalmente, debajo Eva usa una toga sin costura y tiene un pañuelo que combina con ella atado en un moño en la frente con buen gusto. El vestido está hecho de seda fina de humildad y complementa la posición extendida de LOGRO. Un paso clave para remarcar—antes de que Eva se vista en las piezas coordinadas, ella siempre pasa dos horas empapándose en un baño en tranquila soledad. Ella quiere que cada pulgada de su piel esté preparada para la vestimenta que cederá sus dones en el tiempo apropiado para la extensión de su visión.

Eva conoce bien su visión y se ha adornado para alcanzar las etapas de preparación, reflexión, comprobación y luego para vivir la visión que Dios ha puesto en ella.

Palabras Sabias

Vestíos, pues, como *escogidos* de Dios, santos y amados, de entrañable
misericordia, de benignidad, de humildad, de mansedumbre, de
paciencia; soportándoos unos a otros, y perdonándoos unos a otros si
alguno tuviere queja contra otro. De la manera que Cristo os perdonó,
así también *hacedlo* vosotros. Y sobre todas estas cosas vestíos de
amor, que es el vínculo perfecto. Y la paz de Dios gobierne en vuestros
corazones, a la que asimismo fuisteis llamados en un solo cuerpo; y sed
agradecidos. La palabra de Cristo more en abundancia en vosotros,
enseñándoos y exhortándoos unos a otros en toda sabiduría, cantando
con gracia en vuestros corazones al Señor con salmos e himnos y
cánticos espirituales. Y *todo* lo que hacéis, sea de palabra o de hecho,
hacedlo todo en el nombre del Señor Jesús, dando gracias a Dios Padre
por medio de él.
Colosenses 3:12-17

El Trabajo de la Diseñadora

Hoy, tú eres una diseñadora y te ha sido encomendado diseñar tu atuendo para una Mujer de LOGRO.

Diseña la prenda que adornará tu mente, corazón y cuerpo mientras cumples la visión que Dios te ha dado. Tampoco es demasiado temprano para prepararte para las visiones que todavía no han sido reveladas. Sabemos que las características básicas de Dios y Sus deseos por nosotros no trabajarán en contra de Su naturaleza.

Haz el bosquejo y nombra las características clave; recuerda mantener la palabra de Dios en tu mente mientras te preparas para ser una mujer con visión dada por Dios.

Antes de empezar, revisa la visión que anotaste en una actividad previa. Tomando en cuenta las personas, las actividades, los problemas, etc. que podrías enfrentar, ¿qué crees que necesitas como una parte de tu vestimenta?

Busca un lugar apropiado para trabajar y junta los artículos necesarios:
- Una actitud de esperanza
- Una mente de creatividad
- Un corazón de amor
- Un papel grande en blanco
- Marcadores, lápices y plumas (y crayones para las que todavía son niñas en el corazón)
- Tu Biblia
- Otro material espiritual inspirador relacionado
-

Dibuja una vestimenta que te luzca bien y marca las características únicas. Revisa las tres partes del traje de Eva para obtener unas ideas.

Tu Lienzo

Palabras Sabias

Pues aunque andamos en la carne, no militamos según la carne; porque
las armas de nuestra milicia no son carnales, sino poderosas en Dios
para la destrucción de fortalezas, derribando argumentos y toda altivez
que se levanta contra el conocimiento de Dios, y llevando cautivo todo
pensamiento a la obediencia a Cristo.
2 Corintios 10:3-5

Mas el fruto del Espíritu es amor, gozo, paz, paciencia, benignidad,
bondad, fe, mansedumbre, templaza; contra tales cosas no hay ley.
Gálatas 5:22-23

Lado a Lado

Mira otra vez la vestimenta que diseñaste y las descripciones que anotaste.
Ahora mira las características de Dios. ¿Necesitas agregar, borrar o cambiar
algunos rasgos para que estés alineado con la naturaleza de Dios?

Respuesta:

Palabras Sabias

Hijitos, vosotros sois de Dios, y los habéis vencido; porque mayor es el
que está en vosotros, que el que está en el mundo.
1 Juan 4:4

Y revestido del nuevo, el cual conforme a la imagen del que lo creó se va
renovando hasta el conocimiento pleno.
Colosenses 3:10

RECHAZA EL TEMOR PORQUE DIOS ES MÁS GRANDE QUE CUALQUIER OPOSICIÓN

Venus Una Mujer de LOGRO en Acción

Se estaba acercando el viaje y una mañana cuando Venus salía del trabajo, una vocecita le dijo, "¿Qué crees que estás haciendo? Tú no estás equipada para esto."

La voz estaba hablando acerca del regalo que Venus se había dado a sí misma.

Toda su vida ella quiso escribir una novela, pero con el trabajo, la familia, y muchas demandas más, el libro nunca se materializó.

A los 50 años, Venus sabía que ya no le quedaba toda la vida y si ella no se daba el tiempo para explorar este deseo ardiente, nunca pasaría.

Cuando Venus escuchó la voz, faltaban dos semanas para su viaje a España, el escenario para su novela de ficción cristiana.

Ella dejó hablar a esta voz de derrota y mentiras por 30 segundos, pero cuando acabaron los treinta segundos, Venus dijo,

"Cállate, tú eres un mentiroso. Esto es para mí."

Venus se fue de viaje y alabó a Dios por darle la oportunidad. Ahora está de regreso en los EEUU, terminando la segunda revisión del libro, y ella ha determinado que la mayoría de las ganancias la pondrá en una posición para ayudar al pueblo de Dios a tiempo completo.

Las Mujeres de LOGRO reconocen las mentiras engañosas y persiguen sus visiones armadas con la guía del Espíritu Santo.

Rechazando el Manto Tricolor del Temor

¿Qué quiere Satanás?

Él quiere llevarse lo que Dios ha proyectado para ti—la voluntad de Dios para tu vida, tu gozo y tu paz.

La Biblia dice que no tenemos lucha contra carne y sangre, sino contra principados, contra potestades y, confíame, ellos pueden venir bien vestidos, aparentando humildad y amabilidad, y con la más sonora retórica intelectual que jamás hayas escuchado.

Lo que necesitas entender es que las mentiras engañosas se adjuntan a personas conscientes o inconscientes de su presencia a quienes usarán para derrotarte por medio de palabras y hechos, cuestionando tus pensamientos cuando no estés resguardada contra las tonterías y falta de fe de este mundo.

Para las mujeres visionarias, hay tres señales que te advierten que el temor se está acercando:

Primero, cuando dependes de tu propia fuerza en el viaje, abres la puerta al temor. Hay una razón por la cual Dios nos lleva a través de pruebas y tiempos difíciles. Es para hacernos más fuertes en Él. En consecuencia, necesitas aprender a enfrentar los tiempos difíciles con un corazón de arrepentimiento y aceptación; hacer eso te preparará para las siguientes tareas. En estas situaciones, estás caminando con la fuerza de Dios, hecha por Su mano. Cuando perdemos el enfoque de quién somos y qué estamos haciendo para la gente de quién, hemos con nuestro aporte invitado al temor dentro de la visión—donde no tiene lugar porque la visión pertenece a Dios. Tú solamente eres el guardián.

Segundo, cuando empiezas a batallar en el viaje y eso te hace cuestionar si tomaste la decisión correcta en seguir la visión, abres la puerta al temor. Déjame repetirte: vivir por una visión no es fácil, y yo no conozco muchas personas maduras piadosas que no hayan pasado por algunas batallas.

Entonces, sentirte tensa cuando encuentras más de lo que esperabas es normal. Además, Dios no te da la imagen completa por adelantado, aún si tú piensas que lo puedes ver todo mientras te acercas más y más al destino. Y como una mujer que lucha diariamente con el control, todavía no he encontrado la visión como yo la esperaba; por lo que, aceptar la creatividad y la flexibilidad es fundamental para mantener tu gozo mientras vives la visión.

Entonces, cuando intentas negar que el llamamiento vino de Dios abres la puerta a la duda, y la duda trae al temor. Tardé un tiempo en comprender este concepto. Lo que dio vueltas todo para mí fue apreciar y alabar a Dios por los momentos de tensión—la actitud hace una gran diferencia. También me di cuenta que lo que solía ser algo muy agotador física y emocionalmente se hizo una carga más ligera y los tiempos de prueba pasaban más rápidamente. La clave fue juntar oración y fe en la sabiduría de Dios para lo que estaba enfrentando.

Finalmente, cuando empiezas, sin estar en guardia, a absorber los pensamientos de los pesimistas, abres la puerta al temor. Como estás viviendo en medio de otros seres humanos, te darán muchos consejos acerca de tu visión y cómo deberías proceder o porque no deberías proceder. No puedes evitar estos encuentros; no obstante, cómo recibes la información y lo que haces con ella está completamente bajo tu control.

Cuando era nueva en el sistema de LOGRO, absorbía mucho más que lo que debería haber absorbido. Sin embargo, mientras yo vivía el concepto de *Mantenerte en Forma para la Vida* (puedes revisar la lista) y las pesimistas iban y venían por mi camino hacia la visión, aprendí a escuchar con un oído de discernimiento.

Era muy raro que callara a alguien porque tenía una guardia muy buen equipada y yo sabía cuando su consejo era apropiado para mi consideración.

Créeme, Dios es capaz de usar a los individuos e ideas más interesantes para Su plan, pero tú tienes que dejar que el Espíritu Santo te guíe en este entendimiento.

Como mi punto final, ten cuidado con quién compartes tu visión y los detalles íntimos de ella. No toda persona está equipada para aceptar el llamamiento de Dios para ti. Es más, si tú practicas *Mantenerte en Forma para la Vida*, unas pocas mujeres de LOGRO están dentro de tu círculo de consejeras sensatas y guerreras de oración.

Palabras Sabias

Jehová *es* mi luz y mi salvación; ¿de quién temeré? Jehová *es* la fortaleza
de mi vida; ¿de quién he de atemorizarme?
Salmos 27:1

Erin Una Mujer de LOGRO en Acción

Erin enseñaba en una universidad muy respetada de Houston, Texas. Sin embargo, al final de su segundo año, ella sintió que el Señor la estaba llamando para ir al seminario.

Esto no era algo negativo, porque Erin siempre supo que serviría a Dios en una manera única y la preparación era una parte del viaje.

El reto, no obstante, era dejar su puesto después de haber tardado muchos años en ganar su doctorado y decidir trabajar medio tiempo en un colegio de dos años porque sería una buena manera de ganar un poco de dinero mientras asistía al seminario tiempo completo.

Erin no había resuelto ir en busca del título todavía, hasta que una amiga de su iglesia la animó a que rellenara la solicitud para el seminario al seminario que ella asistía.

Erin pensó en realizarlo y decidió que no perdía nada con ver si la aceptaban.

Pero mientras, ella expresó sus ideas a algunos de sus compañeros en la universidad donde trabajaba. A ellos no les agrado para nada ese concepto.

Parecía que todos, los tres, dieron sus opiniones a la vez.

"¿Para qué querrías trabajar en un tecnológico? Tú tienes un doctorado."

"Yo pienso que sería un gran error; acabas recién de terminar tu carrera y, ¿ahora quieres empezar de nuevo?"

"Me parece que quieres regresar a algo en tu juventud. Tú eres una mujer adulta y tienes que soltar esas tonterías."

Erin inmediatamente reconoció que cometió un error al compartir su plan. Pero ella no permitió que sus amigos la convencieran de abandonar la posibilidad de ir al seminario.

La siguiente semana, Erin asistió a una conferencia en Chicago y decidió usar algo del tiempo en la habitación de su hotel para orar sobre el asunto y buscar la voz discernidora de Dios.

Era la primera noche de la conferencia y, en vez de ir a las actividades de apretura, Erin se puso de rodillas al lado de su cama con su Biblia enfrente de ella. Mientras ella estudiaba para su licenciatura, una buena amiga le había dado unos versículos clave para leer en tiempos difíciles. Estos pasajes habían venido de parte de la abuela de su amiga.

Erin empezó a leer el Salmo 86. Lo leyó muchas veces. Luego clamó silenciosamente a Dios en oración.

A continuación, leyó todo el Salmo 37. Después de haber leído esto, ella oró a Dios más apasionadamente todavía, pidiéndole que Él le diera forma a los deseos de su corazón y la guiara en un gozo que le traería a Él gloria y alabanza. En aquel mismo momento, Erin sintió completa paz en dejar su puesto en la universidad.

Cuando Erin regresó a casa, encontró no sólo una carta de aceptación del seminario, sino también una carta en la que le otorgaban una beca completa.

El siguiente año no fue un trayecto fácil; de hecho, Dios susurró a Erin durante otro periodo de oración que las cosas no iban a salir como ella las imaginaba.

En ese momento, Erin no supo lo que significaban las palabras, pero estaba en paz.

¿Terminó Erin los estudios en el seminario?

No.

¿Siguió trabajando tiempo completo en el tecnológico?

Sí.

¿Le dio este trabajo más oportunidades de compartir la Palabra de Dios dentro y afuera de los EEUU?

Sí.

¿Entendió Erin al fin que la visión del ministerio no se estaba cumpliendo en *la manera que ella esperaba,* con un título del seminario, y aceptó la visión revisada?

¡Claro que sí!

Las Mujeres de LOGRO no temen al viaje y lo que trae consigo; ellas dependen de Dios para guiarlas y protegerlas.

Palabras Sabias

Porque no nos ha dado Dios espíritu de cobardía, sino de poder, de
amor y de dominio propio.
2 Timoteo 1:7

OCÚPATE CON LAS NECESIDADES DE OTROS, PORQUE NO TODO SE TRATA DE TI

Barbara Una Mujer de LOGRO en Acción

Barbara había estado trabajando en el mismo puesto por unos dos años antes de que se sintiera cómoda para conversar con su supervisor.

La personalidad de Barbara es algo reservada. Ella no siempre fue así, pero tras los años ella conoció a varias personas que la atacaron, la traicionaron, y que habían fingido una amistad.

Barbara se había prometido no confiar en nadie muy rápidamente. Pero un día el Espíritu Santo la habló. Puntualmente, el Espíritu dijo, "No todo se trata de ti."

Eso era todo lo que Barbara necesitaba escuchar; sí, ella tenía que guardar su corazón, pero ella tenía que ver las acciones de otros como manifestaciones de donde estaban en su camino con Cristo.

Aunque los que lastimaron a Barbara profesaron ser cristianos, Barbara reconoció que otros necesitaban sus acciones y oraciones, y no una cristiana lastimada que se escondía de los que la necesitaban.

Fue después de estas palabras del Espíritu Santo que Barbara empezó a platicar con su supervisor. Esto la llevó a orar por él y luego le testificaba con su vida, lo cual condujo a un comienzo de cambio en el carácter de su supervisor.

Durante los siguientes dos años, su supervisor le pedía a Bárbara no sólo que orara por él si no que también le pidió que hablara con su hija acerca de algunos temas espirituales muy serios.

Cuando Barbara puso las necesidades de otros por encima de su confort personal, ella pudo tocar una familia entera y un lugar de trabajo.

Mujeres de LOGRO reconocen su esfera de influencia.

Palabras Sabias

Y al que sabe hacer lo bueno, y no *lo* hace, le es pecado.
Santiago 4:17

No nos cansemos, pues, de hacer bien; porque a su tiempo segaremos, si
no desmayamos.
Gálatas 6:9

Amados, amémonos unos a otros; porque el amor es de Dios. Todo
aquel que ama, es nacido de Dios, y conoce a Dios.
1 Juan 4:7

Antes sed benignos unos con otros, misericordiosos, perdonándoos unos
a otros, como Dios también os perdonó a vosotros en Cristo.
Efesios 4:32

El Propósito Más Grande

Viviendo la Visión: Un Llamamiento de Dios

Las Mujeres de LOGRO ayudan a otros; es simplemente lo que hacemos.

La gente necesitada podría estar justo a tu alrededor; podría sentarse contigo en la hora de comida, o podría estar en otro país, separados de ti por miles de millas.

Cuando aceptas el llamamiento de vivir una visión de Dios, tu esfera de influencia podría ser mucho más grande de lo que tú te das cuenta.

Para aclarar mi punto, compartiré partes de un mensaje que presenté a una audiencia de ministros y siervos de la iglesia:

Aquí está el punto de lo que quiero decir—**nuestra visión** está basada en la innegable e inequívoca rendición al llamamiento personal de Dios en nuestras vidas. En este momento cada individuo en este salón ha sido personal y colectivamente llamado. *Nuestro llamamiento es* siempre extendernos para alimentar la esperanza…

Como creyentes, nuestro llamamiento abarca un grupo de personas de cuya existencia podemos o no estar conscientes, pero Dios sí. Asimismo, lo que es igual para todos y lo que debe de ser un enfoque principal es que el llamamiento satisface necesidades y preocupaciones de la humanidad herida, desesperada y confundida.

Piensa en esto: Cuando no cumples tu llamamiento, ¿a quién lastima? ¿Qué rindes a quién? ¿Cuál proceso estás estorbando?

Debes de contestar honestamente estas preguntas.

Mientras piensas en tus propias respuestas, déjame revisar brevemente unos ejemplos bíblicos de los que cumplieron su llamamiento.

Rahab: Una prostituta, una cicatriz en la sociedad, pero cuando llegó su hora ella era la manera de entrar; ella era la respuesta. Rahab no se dio por vencida; ella se rindió y así consiguió un hogar para si misma y su familia y también un futuro con Dios. Ella no era egoísta, ella estaba dispuesta; aunque lo que hizo fue peligroso. Se aseguró la esperanza.

Rut: Una viuda, una extranjera para su propia familia, y alguien que perdió todo menos su suegra, ella todavía era fiel, comprometida, obediente, y leal. Ella cumplió el llamamiento de cuidar de su suegra. Rut esperaba que vivir con Noemí y su Dios sería una mejor vida que la que había dejado. Se aseguró la esperanza para sus descendientes.

Mardoqueo: Un padrastro, visionario, guía, y ubicó a Ester en un puesto, y luego en un camino, que salvó a los judíos otra vez. Se aseguró la esperanza.

Ester: Una niña huérfana, la menos probable aunque hermosa, obedeció las reglas, pero, cuando llegó la hora, ella ayunó y se puso de rodillas, buscando la sabiduría de Dios para poder cambiar una situación casi imposible. Se aseguró la esperanza para los judíos.

Y finalmente, mi favorito, Pablo: Estudioso, legalista al principio, pero después él fue espiritualmente sabio, comprometido, compasivo—una voz resonante para la iglesia primitiva, un legado para la iglesia de hoy y un modelo para la gente visionaria. Se aseguró la esperanza.

Tomen en cuenta, lo que todos estos ejemplos tienen en común es que aseguraron la esperanza—cumplieron su llamamiento en el momento indicado e impactaron a otros, no solamente a *ellos mismos*.

¿A quién lastima cuando no cumplimos nuestra visión? ¿Qué estamos rindiendo a quién? ¿Qué proceso estamos estorbando?

Sí, tu visión podría ser increíble porque viene de nuestro Padre celestial, pero está basada en la toma de conciencia y reconocimiento diario de que Jesús *es*, de esa forma tu visión puede ser *cumplida*.

Cumple el llamado y asegura la esperanza para todos los que Dios ha destinado a ser bendecidos por medio de tu obediencia en conseguir tu visión.

Flor de Gipsófila

Imagina un hermoso florero lleno de gipsófila blanca con cinco rosas de tallo largo asomando entre ese racimo. Eventualmente estas rosas se marchitarán, se volverán cafés, y decolorarán el arreglo. Bueno, si tú sabes algo de la gipsófila, sabes que dura mucho tiempo su hermosura—dura más que casi cualquier otra flor.

Escoge ser esta gipsófila e ilumina el lugar donde estás con hermosura y gozo mientras cumples tu llamamiento.

Reconoce quien eres y celebra el don de Dios en ti para regalar a otros bondad, cuidado, y amor de Dios. No estás esperando hasta que se cumpla el llamamiento; estás en el proceso de cumplirlo por presentarte como una gipsófila a los que te rodean.

Empieza con este consejo muy práctico: Haz una lista de tres amigos, conocidos o compañeros de trabajo y regálales un acto bondadoso; simplemente porque Dios es amor y tú eres de Dios.

- Manda una tarjeta
- Haz una llamada
- Hornea unas galletas
- Envía unas flores
- Da una mano de ayuda
- Separa un día de oración

Lleva bondad inesperada a la vida de alguien más.

Intenta crear la costumbre de despertar en la mañana y preguntarle a Dios a quién deberías bendecir; observa a tu alrededor, buscando alguien a quien le falta el gozo. Finalmente, intenta ser muy generosa, al menos en oración y una actitud amigable a los que parecen ser muy detestables, feos u ofensivos. Ellos necesitan la luz más que nadie, aunque sean los más difíciles.

Mientras escribo estas palabras, siento la necesidad de repetir que necesitas buscar la guía del Espíritu Santo, aun en actos de bondad. Deja que Dios te guíe hacia las direcciones en que deberías ir y la compañía que deberías tener.

Siva Una Mujer de LOGRO en Acción

Siva es una madre soltera, y a menudo ha orado de acuerdo con las oraciones de *El Poder de los Padres Que Oran.* Un día, un amigo de su pasado llegó otra vez a su vida. Ella había conocido a este hombre hace unos 30 años, pero no se habían mantenido en contacto. Cuando falleció el hermano del amigo, Siva le llamó para extender sus condolencias y la amistad se renovó.

Pasaron unos pocos meses y ella se enteró de que él estaba pasado por unos problemas con unas relaciones, entonces ella lo volvió a hablar para darle palabras de ánimo.

Pasaron unos meses más y Siva se despertó a las dos de la mañana y se puso a orar por su hijo. Se levantó de su cama, fue a la sala y se postró en el piso. Cuando terminó su oración intercesora y se iba a regresar a su cama, Dios puso a este viejo amigo en su corazón, pero esta vez era algo más que solamente un recuerdo que el amigo necesitaba oración, Dios la estaba llamando para interceder por este hombre.

Al tiempo de regresar a su cama, Siva sabía que ella debía comenzar un ayuno de 40 días—nada de comida desde la medianoche hasta las cinco de la tarde—y un compromiso de orar diariamente por un hombre que, realmente, era un extraño. Pero ella se pararía en la brecha, orando de acuerdo con *El Poder de los Padres Que Oran.*

Tomar la decisión de pararse en la brecha por alguien es una entrega exigente. Uno da de sí mismo mientras derrama su espíritu. Pero Siva sabía que, si ella realmente era una hija de Dios, diariamente debería estar viviendo su vida para ayudar a sus hermanos en Cristo.

Siva escogió poner las necesidades de alguien más delante de su confort personal y por los siguientes 40 días ellas oró por este hombre para que tuviera paz y amor que él nunca había experimentado.

Las Mujeres de LOGRO se rinden delante de las necesidades de otros.

Palabras Sabias

Y yo rogaré al Padre, y os dará otro Consolador, para que esté con vosotros para siempre: el Espíritu de verdad, al cual el mundo no puede recibir, porque no le ve, ni le conoce; pero vosotros le conocéis, porque mora con vosotros, y estará en vosotros.
San Juan 14:16-17

Para Concluir

Queridas Hermanas,

Se ha acabado nuestro tiempo para *este* libro. Espero que hayan disfrutado del viaje. Yo sí lo he disfrutado. Como empecé el libro con una oportunidad para que ustedes me conocieran, quiero cerrar de la misma manera.

Una cosa es darles consejo de cómo prepararse y vivir las visiones que Dios ha alumbrado en ti; no obstante, es otra mostrarte que yo he tomado el consejo también. Pero, eso es exactamente lo que quiero hacer.

Cuando terminé mi primer título en Administración, entré como gerente en Wal-Mart Stores, Inc. Sin embargo, después de siete años, yo deseaba regresar a la escuela. Yo quería escribir, dar discursos y enseñar. Bueno, antes de empezar mi maestría en Inglés, hice una investigación. Quería saber en qué me estaba metiendo y cómo salir exitosa. Entonces, ¿qué hice?

Hablé con los expertos. Hice entrevistas y encuestas a aquellos que ya estaban haciendo lo mismo que Dios había puesto en mi espíritu. Créanme, esto fue algo de Dios. Para que yo intentara sacar una maestría (en un tiempo cuando las clases por Internet no eran una opción), tendría de dejar un trabajo que pagaba bien siendo yo una madre soltera con toda la responsabilidad financiera por mí y por mi hijo.

Aun así, el deseo de ayudar a otros como una educadora, oradora, y escritora era más fuerte que mi necesidad de trabajar tiempo completo por los siguientes (algo que yo no sabía en ese momento) seis años de mi vida. Antes de que el libro de *LOGRO* llegara a mi mente, Dios ya estaba guiándome por el proceso.

Ahora, déjenme ser clara; yo no estoy sugiriendo que nadie deje un trabajo. Tu viaje con Dios es personal—no hay un solo patrón para todos. No puedo enfatizar esto lo suficiente.

Antes de que cada cambio mayor en mi vida tuviera lugar, oraba y escuchaba la voz de Dios. Muchas veces me he separado por un día o dos para reflexionar y orar—para escuchar claramente la voz de Dios y dejar fuera las expectaciones, estándares y comentarios del mundo.

Después de recibir mi confirmación, yo procedía a investigar el nuevo terreno de varias maneras y a crear un plan flexible y realizable.

Cuando empezaba las variadas fases de mi visión, otra vez tomaba tiempo a solas para reflexionar sobre mi viaje: alojándome en hoteles en pueblos pequeños con solamente lo básico y mi Biblia o yendo a la casa de una amiga que me permitiera el tiempo que necesitaba a solas con Dios.

Estén seguras, a veces yo cuestionaba los resultados; cuestionaba mi capacidad de ser exitosa (especialmente si me sentía que estaba fallando en un área); e incluso cuestionaba si estaba siguiendo mis propias ideas, pero el Espíritu me guiaba a aceptar mi viaje y todo lo que estaba experimentando como oportunidades de madurar—un cambio de actitud hace maravillas.

Una cosa más, quizá la más importante…

Dios, durante todo mi camino hacia la visión que Él me dio, puso gente piadosa en puntos clave que me aconsejaron, apoyaron y abrieron puertas inesperadas. Hay una persona en particular que merece mi agradecimiento sincero. Su nombre es Robb Jackson, y es un hombre que me ha animado, guiado y corregido durante muchas fases de mi viaje. Cuando miro para atrás, Robb me recibió al principio de mi visión y ha sido un consejero desde entonces.

Muchas veces aquellos que Dios puso en mi camino ni siquiera supieron como Él los había incluido en Su plan.

¿Fue todo fácil? No; ¿valió la pena? Sí.

Lo que sigue es un retrato de mi carrera académica que ha apoyado mi enseñanza, escritura y discursos en muchos escenarios diferentes.

Si lo miras con atención, puedes ver donde tomé tiempo para prepararme, donde crecí y donde me puse en compañía con gente de un mismo parecer y hasta puedes ver, si lo miras con mucha atención, cuales son los tiempos tranquilos que me permitieron reflexionar y renovarme.

Los que no están apuntados son las fechas y lugares donde yo descansaba de rodillas clamándole a Dios porque yo estaba cansada, sola, o dudando de mis decisiones; los tiempos cuando grandes sacrificios hicieron sufrir a mi familia; los tiempos incontables cuando tuve que enfrentarme con los que cuestionaban lo que estaba haciendo; y las veces numerosas cuando lloré lágrimas de alegría porque yo sabía que era Dios obrando en mi para completar todo lo que tengo y todo lo que voy a hacer para Él.

Mientras lees mi Currículo Vitae (CV), piensa en la posibilidad de documentar tu propio viaje.

Podría ser que el tuyo no se parezca al mío si es que no estás planeando ser una educadora, escritora u oradora, pero deberías tener partes dedicadas a la investigación, la preparación, la reflexión y la participación que reflejan tu visión y lo que necesitas para vivirla.

Finalmente, a medida que he hecho agregados a mi CV a través de los años, he pensado cuánto me hubiera gustado tener un ejemplo semejante cuando yo tenía 18 años y tenía hambre de hacer tanto, pero no tenía dirección.

Lo que sé ahora es que Dios ha usado mis experiencias para ayudar a otros. Ahora sirvo como un ejemplo y una esperanza para otros que podrían tener adentro una visión, pero sin dirección.

Es mi oración que, después de haber leído "El Sendero Para Ser Una Mujer Visionaria de Dios: Una Introducción al Camino" tengas un ejemplo de cómo sobresalir en las visiones que Dios te ha dado.

Su Hermana en Cristo,
Avis

Avis Winifred, Ph.D.

Preparación Académica

Maestría en Administración Organizacional con Enfoque Internacional, Presente Programa en Línea de Ashford University, Clinton, Iowa.

48 horas de estudio de post-grado, 2000 y 2002-2003

Logsdon School of Theology

Perkins School of Theology

Doctorado en Retórica y Escritura, Agosto 1999

Bowling Green State University

Examenes Preliminares: Etnografía y Composición del Primer Año, Escritura para el Plan de Estudios, Colaboración, y Pedagogía para Maestros

Estudios en Etnografía (Dr. Shirley Brice Heath, Stanford University)

La Tradición Ensayista de las Mujeres Afro-Americanas (Jacquelyn Jones Royster, University of Ohio)

The Bread Loaf School of English, Middlebury, VT, Julio-Agosto 1996

Maestría en Inglés, Mayo 1996

Especialidad en Estudios de Composición

Texas A&M University, Corpus Christi, TX

Licenciatura en Administración, Diciembre 1984

Subespecialidad en Comercialización

University of North Texas, Denton, TX,

Proyectos Globales

Proyectos de Alfabetismo

Fondos para Papúa Nueva Guinea, Otoño 2008

Investigación Fulbright

Senegal, Oeste de África, Junio 2006

Profesor de Estudios Romanos en Inglés

Italia, Otoño 2005 y Otoño 2006

Facilitador de Capacitación

Namibia, África (Sudáfrica), Julio 2005

Profesor de Estudios Romanos en Inglés, Orador

El Nuevo Testamento y Escritores Ingleses en Italia

Venecia, Florencia y Roma, Italia, Otoño 2004

Orador para Recaudador de Fondos para las Mujeres de Afganistán

Corpus Christi, Texas, Noviembre 2001

Historial de Empleo

Experiencia como Docente

North Lake College, Irving, TX, 2004- Enero 2010

Profesor de Religión e Inglés

Profesor de Estudios Romanos

Coordinador del Departamento de Religión

Coordinador del Departamento de Inglés

Cedar Valley College, Lancaster, TX, Otoño 2003

Instructor Adjunto de Inglés

Tarrant County Junior College, Fort Worth, TX, Otoño 2003

Instructor Adjunto de Inglés

Texas A&M University, Corpus Christi, TX, Agosto 1999-Agosto 2002

Profesora Asistente de Inglés

Coordinador del Departamento de Inglés

Bowling Green State University, Bowling Green, OH, Agosto 1998-Mayo 1999

Asistente al Profesor para el Programa de Escritura en Estudios Generales

Consejero de Educación para el Departamento de Enseñanza, Aprendizaje y Tecnología

Distrito Escolar Independiente de Corpus Christi y Distrito Escolar Independiente de Calallen, Corpus Christi, TX, 1984-1985

Maestra Substituta en las Escuelas Públicas

Experiencia de Investigación

Experiencias diarias viajando, Mayo 2007. En apoyo de una novela cristiana. Italia.

Mujeres Cristianas en Senegal, Oeste de África: Viviendo una Fe Práctica como Religión de Minoridad, 2006. Un discurso para la Escuela de Teología Logsdon, Corpus Christi, TX.

Familias Estudiando Juntos a un País: Aceptando la Preparación Global, 2006. Una guía y forum para familias Afro-Americanas e Hispanas.

Proyecto de Observación Etnográfica con Maestros de los Artes Lingüísticos en la Escuela Pública, Febrero, Mayo 2000. Corpus Christi, TX.

BRITE (Construyendo Relaciones en Tecnología y Educación), Primavera 1997. Bowling Green State University y las escuelas de Toledo.

Consejero de Escritura, Enero 1996-Mayo 1997. Un proyecto de colaboración entre Texas A&M University y el Centro Juvenil del Condado de Nueces.

Experiencia Administrativa

Wal-Mart Stores, Inc., 1985-1993

Gerente de Tienda, División de Ventas
Asistente en Planeación, División de Planeación
Asistente al Gerente, División de Ventas
Asistente al Gerente, División de Sam's Club

Highland Appliance Stores, 1984

Asistente al Gerente de la Oficina

Oportunidades en Escritura

Becas

$10,000 USD – "Diversión y Aprendizaje: El Proceso de Escritura en un Campamento para Autores"

$10,000 USD – "Un Campamento para Escritores, Lectores y Ejecutantes de los Artes Lingüísticas: ¿Qué Pasa al Aprendizaje Cuando Vemos a la Biología por Múltiples Perspectivas?"

$4,215 USD – "Estudiantes y Maestros como Etnógrafos: Alcanzando y Sobrepasando Expectaciones en el estado de Texas"

$1,487 USD – "Tecnografía: Descubriendo Etnografía en el Proceso de la Escritura Técnica"

$235 USD – "Composición Avanzada, WAC y la Tecnología: Construyendo Lazos Tecnológicamente Responsables"

Publicaciones

Libro, Una Colección de Cuentos. En progreso

Libro, Novela Cristiana. En progreso

Libro, REACH (LOGRO), Xulon Press, 2009

Artículo, "Managing Groups with a Lens toward Global Participation (Manejando Grupos con un Lente Hacia la Participación Global)." Remitido 2008 para consideración de publicación

Artículo, escrito en colaboración, "Using Ethnographic Research Practices for Technical Writing Assignments: Developing a Manual for Employees. (Usando las Prácticas de Investigación Etnográfica para Tareas de Escritura Técnica)." *Business Communication Quarterly*, Julio 2002

Reseña del libro, <u>Technical Writing: A Practical Approach (La Escritura Técnica: Una Manera Práctica)</u>. *Technical Communication*, Mayo 2002.

Reseña del libro, <u>Technical English: Writing, Reading, and Speaking (El Inglés Técnico: Escribiendo, Leyendo y Hablando)</u>. *Journal of Technical Communication*, Mayo 2002

Reseña del libro, <u>Comp Tales (Cuentos de Computadoras)</u>. *English Journal*, Mayo 2001

Reseña del libro, <u>Writing in the Real World (Escritura en el Mundo Real)</u>. *English Journal*, Mayo 2001

Reseña del libro, <u>Strategies for Struggling Writers (Estrategias para Escritores que Batallan)</u>. *English Journal*, Marzo 1999

Reseña de libro, <u>A World's Fair for the Global Village (Una Feria Mundial para la Aldea Global)</u>. *Computer Mediated Communication Magazine*, 1 Diciembre 1997

Servicio Universitario

Comités

Comités de Contratación, 1999-2008

Consejo del Servicio Comunitario, Comité Consultivo para el Servicio Comunitario, Texas A&M University. Corpus Christi, TX, 2001-2002

Comité Bibliotecario, Texas A&M University. Corpus Christi, TX, 2001-2002

Comité de Estudios en Licenciatura e Ingeniería, Texas A&M University. Corpus Christi, TX, 2001-2002

Comité de Coordinación para el Departamento de Inglés, Texas A&M University. Corpus Christi, TX, 2001-2002

Comité de Premios Haas, Texas A&M University. Corpus Christi, 2000-2002

Revisión de la clase de Inglés 302 del Programa SAC, Texas A&M University. Corpus Christi, TX, Otoño 1999

Comité Consultivo del CTLT (Centro de Enseñanza, Aprendizaje y Tecnología), Bowling Green State University. 1997

Consejería

Coordinador de ExCET, Texas A&M University. Corpus Christi, TX, 2000-2002

Consejero para los Estudiantes en el Programa de Inglés, Texas A&M University. Corpus Christi, TX, Primavera 2001-2002

Consejero para los Estudiantes del Programa Post-Grado de Inglés, Texas A&M University. Corpus Christi, TX, Otoño 2000-2002

Consejero de la Sociedad para la Cultura Afro-Americana, Texas A&M University. Corpus Christi, TX, Primavera 2000

Actividades de Tutoría

Líder de Orientación del Primer Año, Texas A&M University. Corpus Christi, TX, Verano 1995. Servicio como consejero y guía para los estudiantes del primer año.

Instructor, Servicios a los Estudiantes, Texas A&M University. Corpus Christi, TX, Primavera 1994. Servicio como facilitador para discusiones entre los estudiantes.

Nombramientos

Representante de la Academia, Texas A&M University System for School-University Partnerships. 2000-2002

Servicio Comunitario

Orador o Facilitador de más de 15 eventos comunitarios. 1996-2009

Actividades del Desarrollo Profesional

Participación en 42 sesiones profesionales. 1996-2009

Presentaciones de Conferencia

Presentación en 15 conferencias profesionales. 1996-2007

Palabras Sabias

No os conforméis a este siglo, sino transformaos por medio de la renovación de vuestro entendimiento, para que comprobéis cuál sea la buena voluntad de Dios, agradable y perfecta.
Romanos 12:2

Utilizando la Manera Práctica

Para una de estas visiones dadas por Dios, ¿qué actividades prácticas apoyarían su realización? Haz una lista de las cosas que tendrás que hacer para poder vivir la visión. Considera el entrenamiento, clases académicas, trabajo voluntario, lectura, membresía en una organización, colaboraciones, tutoría, conocer gente en el área que te interesa, etc. que apoyarían tu compromiso completo con la visión.

La visión que Dios te ha dado es importante y requiere tu compromiso. Mi modelo no es el único, pero si revisas la actividad de ideas que hiciste al principio del libro, podrías estar lista para hacer unos cambios—adiciones y supresiones.

Disfruten del viaje, mis hermanas, y que Dios esté con ustedes en cada paso del camino.

Preparación para Vivir la Visión

Mujeres de la Biblia que Necesito Estudiar en Mayor Profundidad

*Revisa las notas que tomaste en *Mujeres de la Biblia que Exhiben Cualidades de LOGRO* para tener una idea de mujeres que quisieras explorar en mayor profundidad.

Rasgos piadosos que necesito mostrar en mi diario caminar

Escrituras de apoyo en las que voy a meditar

Entrenamiento de apoyo que voy a explorar

Clases académicas que podría buscar

Oportunidades de voluntariado que voy a explorar

Temas de lectura que voy a investigar

Membrecías útiles a las que podría unirme

Compañeros que puedan ser de apoyo

Mentores que podrían ser de respaldo

Oportunidades para hacer contactos que voy a explorar

Palabras Sabias

No os engañéis; Dios no puede ser burlado: pues todo lo que el hombre
sembrare, eso también segará. Porque el que siembra para su carne,
de la carne segará corrupción; mas el que siembra para el Espíritu, del
Espíritu segará vida eterna. No nos cansemos, pues, de hacer bien;
porque a su tiempo segaremos, si no desmayamos.
Gálatas 6:7-9